讀品文化

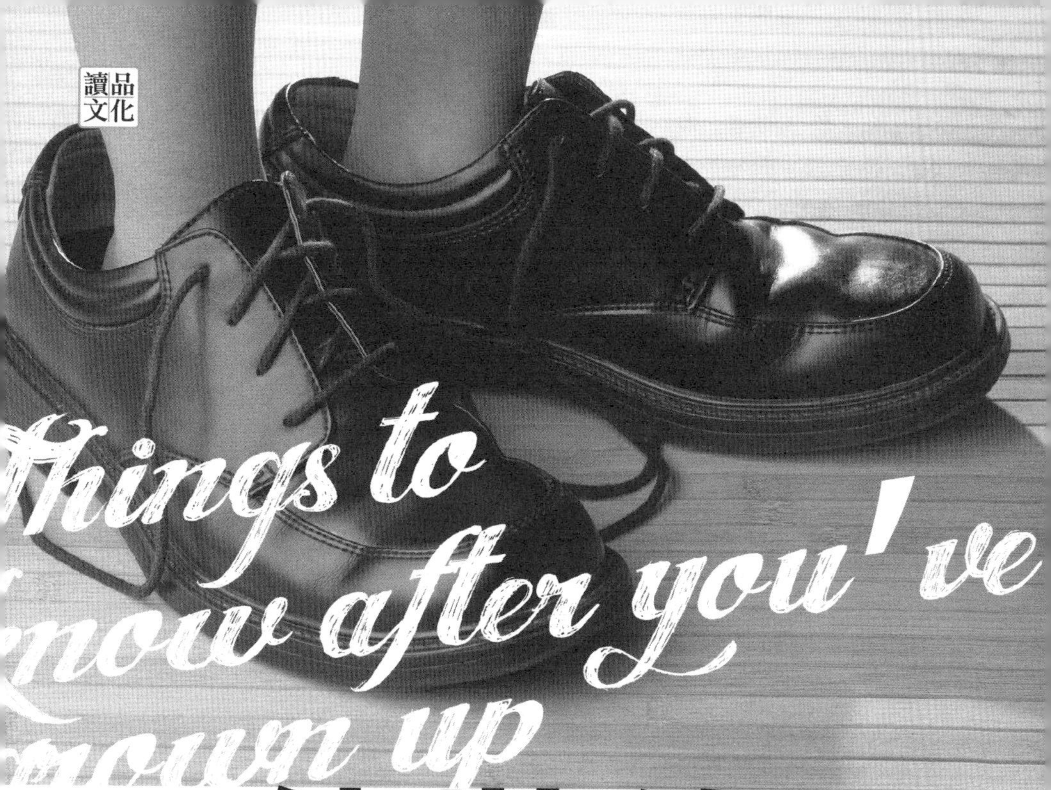

只能裝傻，不能真傻：

長大後應該要學會的事情

生命是脆弱的，我們要學會輕鬆上路。

湯維辰◎編著

這就像在沙漠上背著金子走不動的旅人，
必要的時候，
要放下金子，
去尋找維持生命的水源。

永續圖書線上購物網　讀品文化事業有限公司

WWW.foreverbooks.com.tw　yungjiuh@ms45.hinet.net

思想系列 49

只能裝傻，不能真傻：長大後應該要學會的事情

編　　著　湯維辰
出 版 者　讀品文化事業有限公司
執行編輯　林美娟
美術編輯　林家維

騰讯读书 BOOK.QQ.COM　华夏原创网 www.yuanchuang.com

總 經 銷　永續圖書有限公司
TEL／(02)86473663
FAX／(02)86473660
劃撥帳號　18669219
地　　址　22103　新北市汐止區大同路三段 194 號 9 樓之 1
TEL／(02)86473663
FAX／(02)86473660
出 版 日　2014年07月

法律顧問　方圓法律事務所　涂成樞律師
CVS代理　美璟文化有限公司
TEL／(02)27239968
FAX／(02)27239668

國家圖書館出版品預行編目資料

只能裝傻,不能真傻 ： 長大後應該要學會的事情 /
湯維辰編著. -- 初版. -- 新北市 ： 讀品文化,
民103.07　面 ；　公分. -- (思想系列 ； 49)
ISBN 978-986-5808-57-0(平裝)
1.修身 2.生活指導
192.1　　103009511

前言

所謂叛逆，顧名思義就是反叛的思想、行為……忤逆正常的規律，與現實相反，違背他人的本意，常常做出一些出乎意料的事。實際上，每個人在青少年時期，或多或少都會有點叛逆，但是當你已經成年，步入社會的時候再玩叛逆，就淪為幼稚了。

很多人都曾經在年輕的時候有過叛逆的心理，甚至有一段時間將「桀驁不馴」作為個性的代名詞，也曾經認為稜角分明是有個性的表現。實際上，叛逆心理是一種幼稚的心理，是一種強烈的自我表現欲，在思維形式上屬於求異思維，希望透過自己的標新立異甚至是唱反調來引起別人注意，試圖改變別人和事物對自己原本看法的心理。聰明的人會走出叛逆，彰顯自己沉穩的做人、做事風格，穩妥地將事情做好，使人不僅僅對自己放心，更省心。

在成長的道路上，很多人都存在著叛逆情緒，這種情緒就像是一種慢性毒藥，在不知不覺中影響你的性格，吞噬你的前途。

麥克在大學畢業後走上職場工作的短短兩年裡，竟換了六家公司。每到一個公司，他總是和老闆的關係越搞越僵，以致最後不是他主動「炒」了公司，就是公司的老闆炒了他。儘管麥克每次被辭退的一些具體原因各不相同，但所在公司的老闆對他的評價卻是一致的：目中無人，性格叛逆，不守紀律，態度傲慢。而麥克呢？每次都是抱怨老闆無德無能。麥克為何總是連連被辭？難道是他「時運不濟」，碰到的全是「蹩腳老闆」？還是這些老闆都戴了「有色眼鏡」，對麥克的評價有失公允？

實際上，麥克上學時總覺得老師對自己比較冷淡，久而久之，在麥克的腦子裡就牢牢地樹立起這樣一個概念：「只要我和老師對著幹，老師就會關注我」。由於麥克內心的這種叛逆心理作怪，於是他一方面不注重與老闆建立良好的工作關係，總是和老闆意見相左；另一方面又常常把老闆對自己的規勸作消極意義上的理解，把老闆對自己的正常要求標準當作是「存心挑骨頭」。

在這種叛逆心理的引導下，麥克便採取了一些比較極端的方式和途徑來自我肯定，例如「勇於」反抗老闆。為了顯示義氣，也為了實現所謂的自我價值，麥克常常違反公司相關規定，他由此得到一種心理滿足，彷彿在老闆那裡總是不起眼的自己頓時「高大」起來。麥克在老闆心中的印象就可想而知了。

生活中，很多人的叛逆情緒都是心態失衡造成的。有些人常常覺得事情不公平，或者覺得某些人讓自己很看不慣，就會很輕易地陷入叛逆的情緒之中。擁有這種叛逆情緒的人，有意見不說，卻在肚子中罵。殊不知，沒有經過發洩的負面情緒更加危險。

既然你已經走上社會，就不要整天一副世界對不起你的樣子，一味縱容自己走上叛逆之路，命運之神都會拋棄你的。讓自己的眼神柔和一些，讓自己的微笑自然一些，你必會走出叛逆的「青春期」。當你有心成為一個穩重的人，又在行動上積極往「穩重」靠攏，自然就變成了一個更成熟，理性的人了。

如果你有叛逆情緒，首先要平靜下來。如果你不能平靜，那會怎樣呢？你遲早會把這種情緒傳遞給別人，日子久了別人肯定也會感覺到。你可能要問，我又沒說出來，他怎麼知道呢？雖然你沒說，但是你的表情、語氣甚至姿態遲早會出賣你。

中國有句古話叫「相由心生」。從心理學的層面來說，每個人的面相都反映著其相對應的身體和心理的狀態，你的情緒肯定會寫在臉上。

面對一個叛逆心理嚴重的人，他的同事可能會想：「這個人怎麼這麼不配合，和他一組工作真累！」他的客戶可能會想：「我給你錢，你還這麼多意見，還不按照我的意思來做，會不會做生意啊？」

他的上司可能會想：「他是不是對我有意見啊？要不為什麼總是和我對著幹啊。」

社會是一個群體，只有大家同心協力才能使團隊的目標更進一步。如果叛逆的性格引起了大家的不滿，那麼這樣的人就很難融入自己的團隊了，甚至會被團隊邊緣化。如果想在事業上取得成功，我們必須敞開心扉，和他人真誠地相處與溝通，當你與自己的團隊融合在一起的時候，你才能明白團結的力量有多大。社會是美麗的，職場是殘酷的，走出大學校門，就別指望別人還能把你當孩子。

Things to know after you've grown up

第一章

可以犯錯不能犯「傻」

有些話，打死也不能對上司說／012
你別太熱情／021
太講道理就是一種不講理／024
失去了戀人，並不等於失去了愛情／029
理智點，不要僅憑心血來潮做事／035
別因為義氣幹傻事／040
給自己打「預防針」，控制情緒惡性蔓延／045
拒絕的最好辦法，是使對方自動放棄／055
直言直語是一把雙刃劍／058
你不可能讓所有人滿意／061
別人的意見要有選擇地聽／065
不要為了一棵樹而放棄整個森林／068
堅持值得堅持的事／072

Things to know after you've grown up

第二章

得饒人處且饒人

口下有情，腳下有路／080
把「逐客令」說得有人情味／084
人情不可耗用無度／088
夫妻吵架有分寸：絕不能傷害感情／093
話不說滿，要給自己留後路／098
即使手握真理，也不要咄咄逼人／103
給別人臺階，就是給自己留面子／107
心領神會，替別人遮掩難言之隱／111
不要逼著別人認錯，否則會讓他心存怨恨／116
勿當面揭穿他人的錯誤／120
善於周旋，總能化干戈為玉帛／124
因勢利導，錯中求勝緩解危局／128
詼諧地對待他人的錯，也讓自己過得去／132

Things to know after you've grown up

第三章

別做他人眼裡的「釘子」

彼此中傷，只會失去變優秀的機會／138
嫉妒如毒，毀人害己／143
報復是把雙刃劍／151
停止你的刻薄／156
給吹毛求疵的心貼上封條／160
偏執讓人失去好人緣／164
切忌動輒生氣，與對方冷戰／169
在別人手下做事要學會裝傻／173
別把玩笑當取笑／177
想讓別人喜歡你，不妨先試著喜歡上別人／185
扭轉看自己「一朵花」，看別人「一塊疤」的心態／190
低調是保護自己的最好方式／193
爬得越高則可能跌得越重／201

Things to know after you've grown up

第三章

別做他人眼裡的「釘子」

得意忘形是招災惹禍的種子／206
適當地選擇示弱／211
寧吃眼前虧，不逞匹夫勇／218

Things to know after you've grown up

第一章

可以犯錯不能犯「傻」

在工作中，
我們如何跟上司更有效地溝通，
是自我管理的重要內容之一。
在與上司交往時，
我們一定要三思而後說，
要學會在適當的時機說合適的話。
有些話，
打死也不能對上司說。

有些話，打死也不能對上司說

在工作中，我們如何跟上司更有效地溝通，是自我管理的重要內容之一。在與上司交往時，我們一定要三思而後說，要學會在適當的時機說合適的話。有些話，打死也不能對上司說。

作為上班族，每個人都有自己的上司與老闆，即便是你「為自己工作」，你也不過是你客戶的雇員。維持老闆與雇員關係最重要的一點就是，永遠不要讓老闆認為你不喜歡你的工作，沒有能力勝任它。

這聽上去似乎是理所當然，但職場聽到的很多言論卻違反了這個基本的準則。舉個例子嗎？以下是我們經常在職場中聽到的實例。它們看上去很普通，甚至沒有任何害處。但試著從你老闆的角度閱讀一下，你會立刻發現永遠不讓這些句子從你嘴巴裡說出來是多麼聰明。

1、「今天我的狀態不好」

當你說這句話的時候，上司的第一反應是：你昨晚上哪裡玩去了？你又和你男朋友(女朋友)吵架了？這些都說明你是個不成熟的人。如果你真的狀態不好，就縮在角落裡，不要引起別人的注意。如果上司問起來，也不要閃爍其詞，你可以說：「很抱歉，今天有些不舒服，但我一定不會耽誤工作。」

2、「這不是我的工作」

很多老闆有一個簡單的想法，就是認為你的工作就似乎去做他要你做的任何事情，甚至派你做實際上的確不是你職責範圍的工作，所以戒掉這句話。相反，試著去想像為什麼老闆讓你做這項工作——那可能有正當的理由。如果你認為做這樣的工作是個壞事，你可以試著向老闆解釋為什麼如此，建議何人去做比較合適。這對老闆來說會非常管用。在任何情況下，記住做任何要求你去做的事情，甚至做你分外的事，會讓你功德圓滿。

3、「我的搭檔休假了，我能怎麼辦」

當你說這句話的時候，上司的第一反應是：你是在表示，為什麼工作都讓你一個人做？不要強調搭檔休假問題，而要說明同事那部分工作不能耽誤。這樣上司就會理解你的難處，或許會指派其他人幫助你。

4、「這不是我的問題」

當有人說這不是我的問題的時候，會讓人覺得他們對一些事情漠不關心、這樣也不會讓任何人喜歡你，尤其是老闆。如果問題正在發生而你沒有任何建設性的意見，最好什麼都不要說。更好的態度就是加入到解決事件中，想辦法解決它。因為工作中的問題基本上是所有人的問題，我們應當共同承擔。

5、「這不是我的錯」

當工作中發現一個問題，即使與你毫不相干，也千萬別說「不是我的錯」。因為這個問題肯定和上司有關。此時，你應該儘量幫助上司出主意，這也是你表現自己的一個機會。

除此之外，什麼是真正的問題？那就是出了問題我們必須去改正。這是真正應當思考的問題，而不是去責備誰。

6、「我只能同時做一件事情」

抱怨你承擔了很多工作，不會讓老闆感到愧疚或對你和氣一點。而會讓他有以下想法：你對自己的工作感到厭煩；你沒有達到職業的要求。每個人，尤其在當今社會，都感到壓力和工作之繁重。如果你想幽默，人們會注意到諷刺也是幽默的，而且可以放鬆心情。有些僅僅是責備他人而已。

7、「我和以前的上司關係不好」

當你說出這句話的時候，上司的第一反應是：你現在恭恭敬敬，可是一旦離開，也會說我的壞話。所以，你儘量不要和上司談到以前的上司，即使情況真的很糟，這種溝通也毫無用處。

8、「讓我做這事有點大材小用」

可能這對你真是有點大材小用。但事實是，這是你的工作，你已經同意接受了它，而現在後悔了這個決定，它仍然是你的工作。抱怨這件事與你能力不相配只能讓你的形象很糟。而且，和你做同樣事情的工友也會對此感到憤怒，且不會喜歡你。猜猜會怎麼樣？老闆一定不會想「哦，這不是個一般的人，我得提拔他。」，他們會想：「真是一個蠢貨。」

9、「這事太簡單了，誰能都做」

可能你想傳達的是你很出色，你的工作很簡單。不幸的是，這聽上去更像「這件工作很蠢」，老闆不想聽到什麼樣的工作是蠢的。老闆實際上也不喜歡聽到什麼工作是很簡單的。這會使整個公司的工作被貶低。如果給你的任務的確很簡單，那麼很高興地盡你所能完成它。即便是「愚蠢」的工作也需要有人完成。

10、「我沒什麼新內容要報告的」

對自己從事的工作話語不多，或者保持沉默，是沒有氣、沒有發言權的表現。這樣容易給上司一種「你工作投入不夠」的信號，因為上司欣賞的是創新和效率。面對上司時，一言不發不會有任何好處。因為上司期待的是下屬的資訊、觀點和想法。

11、「這沒辦法完成」

當你說這句話的時候，上司的第一反應是：你為什麼做不了？不想做？沒時間？沒能力？你一定要先解釋你為什麼不能做這件事，是時間的問題還是能力的問題，具體說出來。

說某一件事情沒法完成，就像在老闆的眼睛裡搖白旗。如果一件事情真被認為是不可能完成，也就說明你無能。你最好搞清楚，為什麼老闆要你去做這件事，不管它是什麼，有什麼問題需要被解決？最終要達到什麼目的？找一個可能的方法去解決這個問題，或者實現這目標。這是老闆真正想要的。大多數老闆都不希望「不可能」。

12、「技術方面我不在行」

技術會讓我們的工作效率更高。如果你不明白這個道理，就不可能得到上司的重用。一方面，你要保持強烈的求知欲，加強學習；另一方面，你要知道，過分謙虛就是驕傲。職場上你要鑽研技術，隨時跟同事們露幾手。即便你真的不在行，也不要說出來。

13、「你怎麼支持這樣的政治家啊」

在工作中，我們應該避開政治或者「同性戀是否合理」這一類讓人頭痛的爭辯，如果在爭辯中你們相互對立，可能導致他在業務上做出對你不利的決定。

14、**「我效率很高，從不加班」**

員工應該不計較投入的時間，扎扎實實埋頭工作，這才是最重要的。很多重要資訊及策劃通常都是在「非上班」時間發生的。

15、**「這次該輪到我升了吧」**

在現代職場中，「年資」不再是值錢的「古董」。你對公司的貢獻大小，你有沒有特殊技能，你與公司各部門的協調能力等，才是你進步的關鍵。

16、**「其實我喜歡辦公室裡的誰誰誰」**

無論什麼事都要公私分明，就算是在辦公室裡發生的事件和感情，愛情問題也完全屬於私人問題。

17、這件事您做得不對

凡事保持中立是聰明的做法，就算你的上司做錯了，最好也是退一步保持觀望。

18、「但是我們之前一直是這樣做的」

你可能會發現自己的新上司想要有些新的嘗試，要將自己表現為一個資深員工，最好的方法就是用一種「我們這樣做是因為這是我們的做事方式」的態度來應對改變。當參加頭腦風暴會議時，要參與其中並接受新想法。如果你擔心一個新想法的可行性，要說：「我認為要做到這一點，我們必須……」。不要全盤否定來扼殺新想法。

有些人在職場上說話不加思考，也許忘了自己是在跟上司說話，張口就說，所以他們總是處處碰壁。

你別太熱情

在與朋友相處的過程中，我們應把掌握「火候」，不要過分冷漠，但也不宜過分熱情與坦誠。很多人對朋友過分熱心與坦誠，結果賠上自己的一片心意，更丟掉了友誼。

著名俄國寓言作家克雷洛夫寫過一篇著名寓言——《傑米揚的湯》。寓言說的是有位善做鮮魚湯的傑米揚，為了款待老友福卡，做了一鍋美味可口的魚湯，一碗接一碗地敬勸老友多喝，直喝得老福卡大汗如注，叫苦連天。可是傑米揚還是一個勁地勸：「喝得痛快！好，再來一碗吧！」結果儘管福卡很愛喝湯，也不得不趕緊拿起帽子、腰帶和手杖，用足全力跑回家去，從此再也不敢登傑米揚的家門了。

這則寓言告誡人們，事情做過了頭，好事也會變成壞事。生活中，我們處理人際關係，也應當時刻記住這個真理。熱情無疑都是待人之道必不可缺的品格，然而，這裡同樣也有一個「分寸」的問題，尤其是在朋友關係中，儘量做到恰到好處，否則極易失度，從而影響人際交往。

人際關係中如果不能相互滿足某種需要，那麼這種關係維持起來就比較困難。在卡內基成功人際交往思想中，很重要的就是遵循心理交往中的功利原則——這一原則是建立在人的各種需要（包括精神的、物質的內容）的基礎上，即人際交往是滿足人們需要的活動。心理學家霍曼斯早在一九七四年就曾經提出人與人之間的交往在本質上就是一種社會交換，這種交換跟市場上的商品交換所遵循的原則是一樣的，即人們都希望在交往中得到的不少於所付出的，如果得到的大於付出的，也會令人們心理失去平衡。因此，太熱情的人，以為自己全心全意為對方做事會讓關係融洽、密切，事實上並非如此。因為人不能一味接受別人的付出，否則心理會感到不平衡。

古希臘三大悲劇大師之一歐里庇德斯說：「既然我們都是凡人，就不如將友誼保持在適度的水準，不要對彼此的精神生活介入得太深。」朋友之間靠得太近，相互溫暖的同時，也會讓彼此的缺點暴露無遺，不如握好相互之間的那個尺度，才能讓友情恒溫。

萬物皆有度，人與人之間的關係亦是如此，不要熱情過頭，留有餘地，適當地保持距離，掌握好「火候」，友誼才能長久地維繫下去。

太講道理就是一種不講理

人際交往的潛規則是：太講道理就是一種不講理。因為，中國的「理」，就是「情」。凡事只講理，就是無情。無情，自然就是無理。

有的人性格較真，特別喜歡講道理。殊不知，很多時候，越講道理，結果越不好；道理講得越多，效果就越差。最後適得其反，講還不如不講。

開會討論一個議題，分成兩派或多派，也未見過哪一方最終心服口服的。大家最後解決問題的方式是訴諸權威，前者訴諸法官，後者訴諸多數。居家過日子，一直以為不吵不鬧的夫妻都不是好夫妻，吵來鬧去，最終就是個糊塗帳，不了了之，日子還要繼續。這麼說來，以理服人在有些人有些事有些條件下也許是個現實，但在更多的範圍內，純粹是個夢想。這說明，以理服人不是放之四海而皆準的真理，在一些領域內它是，在另外的範圍內，道理則完全失靈，其他的規則在起作用。

誠然，有時講道理的女人，懂的道理很多。她們本著實事求是的原則，要去糾正別人的偏頗之處，卻常忽略別人的自尊。這種不留情面的做法從某種角度講也是不講理的表現。

李娜去參加公司的聯誼活動。席間一位年輕人在朗誦自己的一篇習作時，引用了一句詩：「面朝大海，春暖花開。」這句詩沒錯，但是他把詩的作者記錯了。原本應該是海子，而他卻說是顧城。李娜平時就喜歡詩歌，聽到此，覺得很可笑，毫不客氣地當著眾人的面糾正了那人的錯誤。這樣一來，那人頓時覺得顏面無光，明知李娜說得有理，也非堅持自己的說法不可了。於是兩人爭論起來，各不退讓。正在相持不下之時，李娜看到常常和她討論詩歌的一個內刊編輯在旁邊，遂拉他來評理。滿心以為那位編輯於公於私都會站在自己這邊，誰知那位編輯卻溫和地說：「是妳記錯了，人家說的沒錯。」她不相信這位自己很佩服的編輯竟然也會不知道這樣的常識。會後急忙去找他問個究竟，那位編輯卻說：「妳說的沒錯。可是，在那種場合給人難堪，實在是不太好。」

編輯說得沒錯。好講道理的人常常忽略對方的感受。對於聽眾，只會覺得你不善良，不過是想用別人的錯誤證明自己有多麼好多麼「厲害」。

有點人習慣把一個道理講到底，非要給人說清楚講明白，怕人不懂道理，卻從沒有想過這樣的做法別人能不能接受，會起到什麼作用。總是認為講道理可以說服對方，卻無視對方感情上的反應。這樣的「理」說出來又有什麼意義？

楊芬是某企業一位負責企業離退休職工退休金發放的辦事員。由於過去有過退休金冒領的情況，該企業要求領退休金的人員要親自來領。楊芬對此嚴格執行，一點都不馬虎。

住在公司員工宿舍的趙大爺中風住了醫院。他膝下無子，於是讓鄰居代領一下退休金。楊芬是瞭解情況的，可是還是拼命解釋企業的規定，堅持本人親自來領，說這是原則問題，不能通融。鄰居急了：「我們這麼多年同一個社區裡住著。趙大爺住二樓，我住在他隔壁，妳住在我隔壁。多少年的鄰居妳又不是不知道！現在趙大爺連床都下不了，妳這個人怎麼這麼不通情理啊？」最後還是一個主管下令後，楊芬才給把事辦好了。後來，這事傳開了，大家都說她一點同情心都沒有，人緣一落千丈。

日常生活中，我們堅持講道理又能怎樣？很多時候，一味計較，失落了人心，身邊的朋友一個個都走了，落個孤家寡人的下場，這應該不是初衷吧？所以說，很多時候，太講道理的人就是不講理。

東西方的思維方式有很大差別。東方思維叫「沒有觀念的智慧」，即無法之法，無理之理；而西方思維是嚴謹的形式邏輯和數理邏輯，是有法之法，有理之理。現代法律是舶來品，在法律中浸淫多年，思維方式也悄然而變。把這樣的思維方式置於很中國的語境，處理很中國的問題，產生張冠李戴驢唇不對馬嘴的後果就成為必然。所以，所謂東西方的思想衝突，不僅僅是如我們所言的觀念衝突，其實也是思維方式的衝突。

例如，關涉感情的問題，講道理也是沒有用的。除了綱常倫理之外，父慈子孝，夫妻恩愛，兄弟和睦，彼此扶助，哪有那麼多道理的存身之處，所流動的是濃濃的感情。

在道理失靈的場所，必然是其他什麼規則的顯靈之處。或是情，或是利，或是勢，如果說還有理的話，那也是理外之理，無理之理。

失去了戀人，並不等於失去了愛情

「愛情充滿了蜜與毒」，戀愛讓人們嘗盡生活的甜蜜，體會人生的絢麗。追求浪漫情感的人總是容易受到感情的支配，容易深陷進去，拿得起放不下，很容易受傷。當戀人失去了激情和興趣，選擇結束這段感情時，被拋棄的一方便會非常痛苦，甚至認為自己再也不會相信愛情了。事實上，你失去的不是愛情，只是一個曾經的愛人。

失戀的人總喜歡把自己封閉起來，任憑自己沉浸在悲痛之中，別人的勸慰一律不聽。覺得自己是當事人，自己最清楚自己的痛苦，沒人能夠真正理解自己的心情。他們往往會對愛情喪失希望，對愛情的前景心灰意冷，把自己的心用厚厚的警惕包裹起來，用行動證明著「一朝被蛇咬，十年怕草繩」。

宋佳失戀了，與之相戀了五年多的男友忽然提出與她分手，他的種種海誓山盟、他對自己說的甜言蜜語，似乎猶在耳邊，可不過才經歷了四年的時間，怎麼一夜間就灰飛煙滅了呢？

她每天以淚洗面，她想求他不要離開自己，她給他打電話，他不接，發簡訊，他不回，後來男友乾脆悄悄換了號碼。她發瘋似的四處找他，才發現他已經辭職，搬了家，而他的朋友也都不知他的去向，他徹底人間蒸發了。

有一天，她的一個朋友說曾在一家餐廳裡見到他和一個女孩在一起，很親密的樣子。宋佳很崩潰，陷入了愈來愈深的痛苦之中。

她不甘心就這樣失去他。她開始抽煙，喝酒，每天喝醉了就對著男友的空號碼哭泣。她完全無心工作，乾脆辭了職，放任自己在漫無邊際的痛苦裡遊蕩。

失戀的人習慣了放棄自我。以「為伊消得人憔悴」為己任，肆無忌憚地用不吃不喝不睡「虐待」自己。愛情沒有了，生死也就無所謂了，於是擺出一副視死如歸的模樣，好像自己的生命不經過一番摧殘，就表現不出殉情那種無上榮光的悲壯來。曾設計好的生活秩序被打亂了，生活沒有了方向感。沒人陪著一路喝彩，目標就顯得不那麼重要了。親人的期望、自己的理想，都被放置在腦後，似乎只有方寸大亂醉生夢死才對得起付出的真情。

然而，失去了戀人，並不代表失去愛情。無論是誰跟自己喜歡的人分手都不可能不痛苦，但大可不必搞得那麼轟動。哭鬧、瘋狂並不能幫你挽留已經死去的愛情。既然如此，何不灑脫一些，放手讓它靜靜地枯萎。此花謝處，也許彼花正開。你還有愛的能力，未來猶有希望可追。

一顆心，決定了一切。親朋好友可以幫助你、安慰你、開導你，但是真正能帶領自己走出陰霾的，卻是自己！心有多大，舞臺就有多大，不可隨意喪失了生活的熱情和希望。從心理學角度來說，這個就叫作「杜利奧定理」。要告訴自己，失戀沒有什麼了不起，行囊裡背上熱情，放下裡面的憂鬱，走向那快樂的城堡，要懂得快樂源自於自己。

失去戀人也許正是一個自我轉型的好時機，過去你習慣了按他（她）的喜好做事，現在你可以將那些你不喜歡的東西丟到一邊，隨心所欲地做自己喜歡的事。你不必再顧及他（她）的胃口，不再需要對他（她）讓步，不再擔心說錯話做錯事會影響兩人的關係。向那個屬於他（她）的自己說聲再見，從今天起做回自我。瀟灑的你怎麼都不像是剛失戀的人，你可以自在地重新品味被追求的快樂，那可是另一番幸福的滋味呢。

生活中沒有十全十美，好男人、好女人也不是唯一的。不要再為打翻的愛情哭泣。嶄新的感情世界未必比不上過去的一切。當然，最重要的是你必須先提升自我價值與信念。一個煥然一新的價值信念才能提供感情世界所需要的勇氣、自由和開朗。

印度詩人泰戈爾說過：「當你為失去太陽而哭泣的時候，你也會失去星星。」當我們不可避免地遇到許多的失意和挫折時，選擇主動放棄還是死抓不放，完全取決於自己的心態。玻璃瓶已經被打碎，我們就很難再將它恢復原樣；失去的青春已經不見了，我們也很難再把它找回來；說出去的話就如同潑出去的水，很難再收回了。那些令人失意、沮喪、懊悔、絕望的事情已經發生了，我們任誰也很難改變，但誰卻都有機會去改變未來。只有真正的失敗者才會像傻瓜一樣，只會坐在那裡發呆，在一遍遍對過往的悔恨中浪費自己的時間和生命。

當對方提出分手時，需要冷靜地思考，分手的真正原因是什麼。能挽回就儘量去挽回，畢竟培養一段感情不容易。如果對方一直很冷漠，已經不愛你，就沒必要再去糾纏，無謂的糾纏只能增加你的痛苦和煩惱，甚至招致對方的反感，讓你連最後的尊嚴都失去。即使透過你的欺騙或糾纏手段留下了對方，你們今後的生活也不一定會幸福。

因失戀所產生的痛苦心情是難免的，也是容易理解的。但是，千萬不要把這種不良情緒長期壓抑在心裡，可以採取「情緒轉移法」轉移自己的不良情緒。排除失戀悲傷的方法有很多，並沒有一個固定不變的模式。痛苦的你可以根據自己的性格、興趣、愛好和各種特長，選擇適合自己特點的「排憂法」來排除失戀後的煩惱，比如旅行、聽歌、參加一些社交活動等。

每個人的一生中總會有一些過客，這些過客也許給你帶來美好的時光，也給你帶來痛苦的時光，正因為有這樣一些過客，才使我們的人生豐富多彩。紅塵俗世，很多人註定只能在你生命中停留片刻。對方已經不再愛你，已經有了新的生活，舊日戀情的美好早已煙消雲散，過去的就讓它過去吧。要是死抓著不放，不僅雙方都會痛苦，還會在心裡留下恒久的傷痕。

逝去的戀情無法挽回，何不讓它在釋然和感激中淡淡飄遠，只在心間留一段美好的記憶，這也是一種生命的體驗。既然已經無法繼續緣分，彼此祝福是最好的出路。我們應該往前看，不能只活在過去中難以自拔。重要的是我們應該珍惜現在身邊的每一切，那才是最實在的。

愛情只是生活的一部分，失戀也只是愛情的一部分。千萬不要因為失去了一個戀人，就對愛情失望，對生活失望。有人說「一段新愛情的開始能幫你忘卻一場曾經失敗的戀情」不是沒有道理的。

理智點，不要僅憑心血來潮做事

做事不能僅憑心血來潮，老子曾說：「慎終如始，則無敗事」。這句話的意思是說，只要一個人對自己正確的選擇有毅力，堅持不懈，像剛開始時的狀態一樣，始終對事情保持謹慎，那麼他做任何事情就都會得到滿意的答案。

憑心血來潮做事，是大忌，這顯示出一個人的性格不成熟。這種個性的人，做事不懂得深思熟慮，憑心血來潮，輕則會給人際關係造成損失，重則毀掉好端端事業。

然而現在很多人都喜歡隨自己的心意做事，心血來潮，想到什麼就做什麼。王樂樂閒來無事，發現身邊的人都在開網路商店，心血來潮，也去註冊一個，結果兩三個月也沒有一個成交，天天等在網上，心情從高漲到失落，起伏很大。

看見很多人去做兼職，王樂樂也跟著去做兼職，結果三天打魚兩天曬網，錢沒賺到還賠了路費。

王樂樂發現身邊的人都在炒股，也跟著湊熱鬧，結果賠了夫人又折兵。

後來王樂樂又想鍛鍊身體，健身房選好了，連名都報好了，學費也交了，但是嫌健身浪費時間，上課時間經常和自己的私事衝突，乾脆連健身卡都轉讓掉。

這些都是因為做事之前欠缺考慮，三分鐘熱度，沒有一個詳細的規劃，而導致半途而廢。無論是做人還是做事都不能僅憑心血來潮，如果做什麼都隨著自己的性子來，沒有規劃，沒有定位，想做就去做，想放棄就放棄，就容易養成做事虎頭蛇尾的習慣。

我們一定要冷靜處事，不能因為情緒高漲，就滿頭熱血跑去做一件事，過了一會思維轉換了，又十萬火急地做另一件事，轉來轉去，什麼也沒得到。

一件事在開始後，是否能夠有結果，需要的是毅力和恆心。許多事往往在一開始時，憑得是剛開始的心血來潮，後來隨著時間的推移，漸漸就覺得厭煩了，最後還是中途放棄。事實上，，我們在做事時一定要想清楚，三思而後行，這樣才有可能將一件事情堅持到最後，才能得到一個完美的結局。

有三個好朋友，畢業後去了同一家公司求職，最後他們都被留了下來，但上班第一天，經理就告訴他們，他們現在只是在試用期，並不是公司的正式職員。第一個月公司會對他們的工作狀況進行考核，合格的在試用期結束後將會成為公司的正式員工。三個人都對經理保證自己會好好得幹，努力把工作做好。

試用期三個人的工作是枯燥乏味的，並且他們的工作量很大，經常加班到很晚，但是三個年輕人都沒有去抱怨，他們都期待著試用期過後，自己能正式成為公司的一員，然後可以做一些自己喜歡的工作，抱著對自己以後工作的嚮往，三個人幹勁十足。

時間過得很快，試用期馬上就要結束了，三個人相信憑著自己的良好表現，他們肯定都能通過公司的考核。最後那天下午，經理找到了三個年輕人，對他們說：「非常抱歉，你們三個都沒有通過公司的考核，按照我們事先的約定，你們不能在公司待下去了，這是這個月的工資，你們收好，等上完今天的這個夜班，你們就可以走了，祝你們一切順利。」聽到經理的這些話後，三個人非常驚訝，但事情已經這樣了，也沒有商量的餘地了。夜班時間很快就到了，三個人當中的一個朝廠房走去，他不想因為自己的原因而影響整條生產線的工作。另外兩個人心想既然沒有通過公司的考核，並且工資也發了，索性沒有去上夜班。

最後一晚像往常一樣結束了，年輕人疲憊地走出廠房，令他吃驚的是，經理正站在廠房的門口對他微笑。經理招手把他叫過去，對他說：「經公司研究決定，你的試用期今晚正式結束，我們決定錄用你為我們公司的正式職員，明天請到公司總部接受新職位的任命，恭喜你。其實，你們三個人都很優秀，表現得非常好，不過我們只選擇最優秀的那一個，這個人就是你。」

因為一個夜班的差別，這個人最後的結果與他的那兩個朋友迥然不同，因為他選擇了堅持。日常生活中，每個人都會有著對於自己未來形形色色的設想和計畫，心血來潮的人蜻蜓點水，淺嘗輒止，有毅力的人選擇堅持，最後他們實現了自己的理想。

當你決定要去做一件事時，最好能夠冷靜地為自己規劃一下，問一問自己：這到底是我一直想做的事嗎？我是否能夠為了這件事付出巨大的努力？不怕艱難險阻？如果只是三分鐘的熱度，最好還是放棄為好。

別因為義氣幹傻事

年輕的時候，很多人常常認為朋友兄弟之間，應該講義氣，只有看重哥兒們義氣才是俠義和勇敢。但是，有些事情並不是那麼單純的，很多年輕人吃虧就吃虧在盲目地講哥兒們義氣上。

在日常生活中每個人都有自己的朋友，關係深的我們稱之為「哥兒們」，朋友遇到困難了，伸出手拉一把是應該的，而且能夠在關鍵時刻幫助朋友渡過難關也是對友誼的促進。

歷史上桃園三結義的劉備、關羽、張飛應該算得上是哥們義氣的典型。他們三位之間的異姓結拜，相互扶持，在亂世中闖出一片天地。

劉備當時無權無勢，無兵無糧，關羽和張飛卻一直跟著他打江山，哪怕關羽被曹操捉住了，企圖將他收服於帳下做一員猛將，關羽也是鐵了心要回去找劉備。不能不說，他們的兄弟情深感人肺腑。

但兄弟情義與「哥兒們義氣」是不一樣的。心理學研究表明，處於青春期的青少年，隨著年齡的增長、視野的開闊，對外界事物所持的態度的情感體驗也不斷豐富起來。這時的青少年有一個比較顯著的特點是比較單純，喜歡交往，注重友情。在同學的交往中，這種感情是最真摯的。但也不排除由於各種因素的影響，一些同學缺乏明確的道德觀念，分不清什麼是真正的友誼，甚至把「江湖義氣」當成交朋友的條件，而使自己誤入歧途。

這種「哥兒們義氣」是一種比較狹隘的封建道德觀念。它視幾個人或某個小集團的利益高於一切。它信奉的是「為朋友兩肋插刀」，即使朋友錯了，甚至他們要殺人越貨，觸犯法律，有的人為了「哥兒們義氣」，也會助紂為虐。

張強就是因為瞎講哥兒們義氣，不僅把多年積存下來的錢揮霍光了，還欠了一屁股債。

幾年前，張強從學校畢業後，透過家裡的資助，在市中心的步行街租了個店面做小吃生意，雖然生意也經歷了很多波折，但還是堅持下來了，幾年下來，也賺了一些錢。

有一天，張強的高中同學來找他，說是因為金融危機，被公司辭退了。張強看在過往的兄弟情分上，留他在店裡幫忙。因為那位兄弟沒有住的地方，張強就放心地讓他晚上住在店裡。過了一段時間，旁邊的店家對張強說：「你們店裡一到晚上就特別吵鬧，因為關門了，也看不見裡面發生了什麼事，你要注意一下。」

過了幾天，張強晚上去找那位兄弟，店裡果真熱鬧異常，原來是那位兄弟召集了好幾個朋友在那打牌賭博呢！

礙於哥兒們義氣，張強也沒當回事，反而被那兄弟說動了，也跟著一起玩。結果賭癮越來越大，輸得也越來越慘，等父母發現了情況不對勁時，張強已經深陷賭場無法抽身了。他把自己的店鋪當成了賭博的聚集地點，隨著賭注的增加，張強不僅把多年來的積蓄輸光了，還找周圍的朋友東挪西借，欠下了一屁股債。

結果當然是那個兄弟在張強的家產全部賠光後，也遠走高飛了，連電話號碼都換了。後悔不迭的張強連連說自己瞎了眼，引狼入室，還把對方當兄弟。其實，張強自己也有錯，在發現朋友做得不對的時候就應該加以阻止，如果阻止不了就應該讓朋友離開。但這些他都沒有做，反而自己也跟著一起賭，結果深陷泥潭不能自拔。

生活中，我們任何時候都不要為了所謂的哥兒們義氣，去做傻事。真正的友誼不是幫助對方犯錯誤，而是當對方有了煩惱，遇到問題的時候，能夠幫助對方冷靜下來，用正面的思維消除他的負面情緒，帶領他走出極端的誤區。

有的人常常會因為哥兒們義氣而不好意思對朋友的錯誤舉動提出批評，其實這不是在幫朋友，而是在害朋友。當你和對方稱兄道弟的時候，要謹記，不要為了所謂的「哥兒們義氣」而放縱對方和自己的言行舉止，甚至為了哥兒們義氣而喪失理智做出極端行為。

哥兒們義氣應該是人與人之間的一種真摯的情感，是一種高尚的情操，能使你贏得朋友。當遇到困難和危險時，朋友會無私幫助，如果有了煩惱和苦悶時，可以向朋友傾訴。

哥兒們義氣是有原則、有界限的，友誼不能違反法律，不能違背社會公德。如果不辨是非地為「哥兒們」兩肋插刀，甚至不顧後果，不負責任地迎合哥兒們的不正當需要，這不是真正有義氣。

我們應積極培養高級情感如道德感、友誼感、集體感、榮譽感等，去取代頭腦中狹隘的「哥兒們義氣」。一旦這些健康的、向上的情感在自己頭腦中占主導地位，那種低級的、狹隘的「哥兒們義氣」就沒有陣地了。

另外，講究哥兒們義氣應當三思而後行。多問幾個該不該，符不符合社會主義精神文明，這對自己是有好處的。

古人云，「行成於思，毀於隨」，就是說多想可以事先避免許多差錯。這樣，再有人用「義氣」拉你幹壞事，你便會有所察覺，不為「義氣」所動了。當然，你朋友來找你，不一定都是幹壞事，這要具體事物具體分析了。

給自己打「預防針」，控制情緒惡性蔓延

情緒是內心深處的一種思想情感，但它往往會被外界的事物控制，並隨之搖擺不定。如果你能夠掌控自己的情緒，控制不良情緒的蔓延，你未來的人生就是一片美好的前程。

人在盛怒時的所作所為大多都經不起理智的推敲，很多時候都脫離自己的本意。因為當陷入一種情緒的漩渦時，理智就很難涉入了。而一個人若不做自己情緒的主人，單憑好惡或感覺去判斷外界的人和事。則很容易陷入盲目樂觀、焦躁、惱怒或鬱悶中，那麼等待他們的終是一事無成。

在早期的美國，有一位很有才華、曾經做過大學校長的人，出馬競選美國中西部某州的議會議員。此人資歷很高，又精明能幹、博學多識，看起來很有希望贏

得選舉的勝利。但是，在選舉的中期，有一個很小的謠言散佈開來：三四年前，在該州首府舉行的一次教育大會期間，他跟一位年輕女教師有那麼一點曖昧的行為。這實在是一個彌天大謊，這位候選人對此感到非常憤怒，並盡力想要為自己辯解。由於按捺不住對這一惡毒謠言的怒火，在以後的每一次集會中，他都要站起來極力澄清事實，證明自己的清白。其實，大部分的選民根本沒有聽到過這件事，但是，現在人們愈來愈相信有那麼一回事，真是愈抹愈黑。公眾們振振有詞地反問：「如果你真是無辜的，為什麼要百般為自己狡辯呢？」如此火上加油，這位候選人的情緒變得更壞，也更加氣急敗壞、聲嘶力竭地在各種場合為自己洗刷，譴責謠言的傳播。然而，這更使人們對謠言深信不疑。最悲哀的是，連他的太太也開始轉而相信謠言，夫妻之間的親密關係被破壞殆盡。最後他失敗了，從此一蹶不振。

許多人都想控制自己的情緒，但遇到具體問題又總是知難而退：「控制情緒實在太難了。」言下之意就是：「我是無法控制情緒的。」別小看這些自我否定的話，這是一種嚴重的不良暗示，它可以毀滅你的意志，使你喪失戰勝自我的決心。

憤怒會讓人失去理智。做任何事我們都需要思路的高度清晰，但總有一些不順利的事情甚至讓人無法接受的事情發生，這時候，憤怒會不期而至。

有一次，成吉思汗帶著一幫人出去打獵。他們一大早便出發了，可是到了中午仍沒有收穫，只好意興闌珊地返回帳篷。成吉思汗心有不甘，便又帶著皮袋、弓箭以及心愛的飛鷹，獨自一人走回山上。

烈日當空，他沿著羊腸小徑向山上走去，一直走了很長時間，口渴的感覺越來越重，但他找不到任何水源。良久，他來到了一個山谷，見有細水從上面一滴一滴地流下來。成吉思汗非常高興，就從皮袋裡取出一隻金屬杯子，耐著性子用杯去接一滴一滴流下來的水。當水接到七八分滿時，他高興地把杯子拿到嘴邊，想把水喝下去。就在這時，一股疾風猛然把杯子從他手裡打落在地。

將到口邊的水被弄灑了，成吉思汗不禁又急又怒。他抬頭看見自己的愛鷹在頭頂上盤旋，才知道是牠搗的鬼。儘管他非常生氣，卻又無可奈何，只好拿起杯子重新接水喝。當水再次接到七八分滿時，又有一股疾風把水杯弄翻了。又是他的愛鷹幹的好事！成吉思汗頓生報復心：「好！你這隻老鷹既然不識好歹，專給我找麻煩，那我就好好整治一下你這傢伙！」

於是，成吉思汗一聲不響地拾起水杯，再從頭接著一滴滴的水。當水接到七八分滿時，他悄悄取出尖刀，拿在手中，然後把杯子慢慢地移近嘴邊。老鷹再次向他飛來，成吉思汗迅速拿出尖刀，把鷹殺死了。

不過，由於他的注意力過分集中在殺死老鷹上面，卻疏忽了手中的杯子，因此杯子掉進了山谷裡。成吉思汗無法再接水喝了，不過他想到：既然有水從山上滴下來，那麼上面也許有蓄水的地方，很可能是湖泊或山泉。於是他拼盡氣力向上爬。他終於攀上了山頂，發現那裡果然有一個蓄水的池塘。

成吉思汗興奮極了，立即彎下身子想要喝個飽。忽然，他看見池邊有一條大毒蛇的屍體，這時才恍然大悟：「原來飛鷹救了我一命，正因牠剛才屢屢打翻我杯子裡的水，才使我沒有喝下被毒蛇污染了的水。」

成吉思汗在盛怒之下殺死了心愛的飛鷹，他在明白了事情的真相後追悔莫及。如果他能忍住一時的怒氣……但是沒有如果，事情發生了就要承受結果，正因為世上沒有後悔藥，所以在考慮好後果前，不要在盛怒中做出決定。

負面情緒和正面情緒相對，它的產生是很普遍也很正常的，但如果長時間得不到緩解，合理的負面情緒則會成為干擾工作狀態甚至危害健康的不良情緒。所以，我們必須學會制怒，在怒氣爆發之前利用自我的控制力，在內心將這種惡性的情緒轉化到良性的軌道上來。以下是調節情緒的幾個方法。

1、想法客觀

學會坦然面對生活中的一切，不對生活對過多的非分之想，抱太多不切實際的幻想。給心理留一個放鬆的空間。用平淡的心態去接受身邊發生的事。

2、學會發洩

每個人都會遇到許許多多的不如意，正所謂「人生不如意者，十有八九」，因此要想活得輕鬆快樂，就要找到適合自己的舒壓方式，把心中的不良情緒及時發洩出來。

3、生活熱情

平常要多參加一些戶外的活動，多看一些輕鬆溫馨的影視劇，多閱讀些時尚輕鬆的書籍雜誌，讓自己的思想見識跟上時代的發展。多發展一些興趣愛好，不僅有助於消除不良情緒，還能幫助樹立積極健康的心態，感受到生活更多的快樂。

4、情緒轉移法。

即暫時避開不良情緒，把注意力、精力和興趣投入到另一項活動中去，以減輕不良情緒對自己的衝擊。

可以轉移情緒的活動有很多，你可以根據自己的興趣愛好，以及外界事物對你的吸引來選擇。例如，各種文化活動，與親朋好友傾談，閱讀研究，琴棋書畫，等等。總之，將情緒轉移到有意義的事情上來，儘量避免不良情緒的強烈撞擊，減少心理創傷，這樣做非常有利於情緒的及時控制。

情緒的轉移關鍵是要主動積極，不要讓自己在消極情緒中沉溺太久，立刻行動起來，你會發現自己完全可以戰勝情緒，控制情緒，成為情緒的主人。

5、壓抑情緒的能量發洩。

在我們感到十分壓抑時不妨大哭一場。哭，也是釋放積聚能量、調整機體平衡的一種方式。在親人面前的痛哭，是一次純真的感情爆發，如同夏天的暴風雨，越是傾盆大雨越是晴得快。許多人在痛哭一場後，覺得暢快淋漓，壓抑的心情也會隨著淚水的流落而減少許多。為什麼會這樣呢？人們經過研究，發現奧祕在於眼淚。美國生物學家曾挑選了一批志願者，安排他們觀看一些令人悲痛欲絕的電影或戲劇，並要求他們在痛哭時把事先發放的試管放在眼睛下面，將眼淚收集起來。他們發現，一個正常的人在哭泣的時候，流出的眼淚有一百～兩百微升，即使一場號啕大哭，眼淚也只有一～二毫升。在哭泣以後，對心跳過速、血壓偏高者均有不同程度的減輕。經過化學分析得知，原來在這些流出的眼淚中，含有一些生物化學物質，正是這些生化物質能引起血壓升高、消化不良或心跳加劇。把這些物質排出體外，對身體當然是有利的。

6、接納自己，欣賞自己

一個以高標準來要求自己、不能容忍自己任何不完美的人，終其一生只能在對自己的哀歎中度過，是無法享受到生活的快樂的。他們給自己設訂了太多的條條框框，強迫自己去遵守，以達到他們期望的目標，這使得他們的生活背負了太多的重擔，負重的情緒必然無法去感受生活的輕鬆和快樂。

當你憤怒、悲傷失意時，多給自己說幾聲「沒關係」，生活的希望永遠都在，只要努力，一切問題對我們來說都是沒關係的。

亨利是一個快樂的年輕人。他三歲時在和小朋友玩耍時不慎被高壓電流擊傷，因雙臂壞死而截肢致殘。在這之後，父母將他送到附近的一座殘疾人孤兒院去，他在那裡整整住了十六年，父母很少去看他。在孤兒院沒有人教他應當怎樣做事情，一切都得自己摸索。開始亨利用嘴叼著筆寫字，由於離紙太近眼睛疼痛，於是他改用腳寫字，他在孤兒院上完了中學。

回到故鄉後亨利開始邊工作邊學習，他在一個師範學院學習文學專業。他並不想當老師，只是想完善自己，他和大學生們一樣要做作業，透過各門測驗和考試。亨利透過訓練能夠自己照顧自己的生活。他會用腳斟茶，拿小勺往茶裡加糖，並靈巧地抓住細細的茶杯柄慢慢地品茶。電話鈴聲響了，他能夠抓起聽筒。他能夠處理一些簡單的家務。

他的妻子鐘斯說：「亨利很聰明，要是什麼事情做不了，他就會琢磨該怎麼辦。他是一個優秀繪圖員，他會修各種電器，搞得懂所有的線路。例如電子錶壞了，他就把它拆開修理，用小鑷子靈巧地把零件一一裝好。他的錶總是掛在脖子上，他是用膝蓋托起錶來看時間的。他總是一刻不停地做這做那，他還改過裙子呢，又是量，又是畫線，又是剪，最後用縫紉機做好。在家鄉他挺知名的，一天到晚總是吹著口哨或哼著歌，是個無憂無慮的快樂人。」亨利喜歡唱歌，參加過巡迴演出團。他常常到孤兒院去義演。他和他十六歲的兒子一起錄製音樂送給朋友們。

他靠六百美元的退休金和妻子微薄的工資生活，十分清苦。但是，對於他來說，令他最開心的是他在生活，在唱歌，感覺他自己是一個自食其力的人。

亨利的故事告訴我們，只要一個人學會接納自己，能夠以一個平常的心態去接納自己的不完美，他就能夠擁有一個快快樂樂的人生。如果總是讓自己背負著沉重的負擔，終日陷在悲觀鬱悶的情緒中，生活對他來說就只能是一場苦旅。

調整控制情緒並沒有你想像的那麼難，只要掌握一些正確的方法，就可以很好地駕馭自己。控制情緒也是一個長期的過程，在平常就要把自己的心態調整好，把保持良好的情緒當成一種習慣。

拒絕的最好辦法，是使對方自動放棄

我們經常會遇到他人求自己辦事，對於那些能幫的事，我們當然是儘量施以援手，以解困擾；但是自己也有不方便之時，不得不拒絕。但拒絕就會得罪人，影響到你和他人之間的關係。然而，我們很難做到，也沒必要做到「有求必應」，這時候，我們就要採用「不戰而屈人之兵」的戰術，讓對方自動放棄。

美國出版家赫斯托在三藩市辦第份張報紙時，著名漫畫大師納斯特為該報創作了一幅漫畫，內容是喚起公眾來迫使電車公司在電車前面裝上保險欄杆，防止意外傷人。然而，納斯特的這幅漫畫完全是失敗之作。發表這幅漫畫，有損報紙品質；但不刊登這幅畫，怎麼向納斯特開口呢？

當天晚上，赫斯托邀請納斯特共進晚餐，先對這幅漫畫大加讚賞，然後一邊喝酒，一邊嘮叨不休地自言自語：「唉，這裡的電車已經傷了好多孩子，多可憐的孩子。這些電車，這些司機簡直不像話……這些司機真像魔鬼，瞪著大眼睛，專門搜索著在街上玩的孩子，一見到孩子們就不顧一切地衝上去……」聽到這裡，納斯特從坐椅上彈跳起來，大聲喊道：「我的上帝，赫斯托先生，這才是一幅出色的漫畫！我原來寄給你的那幅漫畫，請扔入紙簍。」

故事中，聰明的赫斯托透過自言自語的方式暗示納斯特的漫畫不能發表，讓納斯特欣然地接受了意見。

當一個人想拒絕對方繼續交談時，可以轉動脖子、用手帕拭眼睛、按太陽穴以及按眉毛下部等漫不經心的小動作來表達你的想法。這些動作意味著一種信號：「我較為疲勞、身體不適，希望早一點停止談話。」顯然，這是一種暗示拒絕的方法。還有，微笑的中斷、較長時間的沉默、目光旁視等也可表示對談話不感興趣、內心為難等心理。

某天，為了配合下午的訪問行程，王珂想把甲公司的訪問在中午以前結束，然後依計畫，下午第一個目標要到乙公司拜訪。但是，甲公司的科長提出了邀請：

「你看現在已經中午了，一起吃中飯吧？」

王珂與甲公司這位科長平常交情不錯，又是非常重要的客戶。不能輕易拒絕，但是，和這位愛聊天的科長一起吃中飯，最快也要磨蹭到下午一點才能走。王珂怎樣才能不傷和氣地拒絕呢？

答案就是在對方表示「要不要一起吃飯」之前，王珂就不經意地用身體語言表示出匆忙的樣子，如說話語速加快或自然地看看錶等。

動作暗示確實是個非常不錯的拒絕方式，但也要記住：暗示的時候千萬不要提早露出坐立不安地神情，免得讓人懷疑你合作的誠心。

通常情況下，人們對自己提出的要求，總是念念不忘。如果長時間得不到回應，就會認為對方不重視自己的問題，反感、不滿將由此而生。相反，即使不能滿足對方的要求，只要能做出些樣子，對方就不會抱怨，甚至會心存感激，主動撤回讓你為難的要求。

直言直語是一把雙刃劍

直言直語是本性的真實表現，對外界事物的真實感受可以不加工地透過語言表達出來，但這種直接的表達是往往是一把雙刃劍。當你逞一時之快，而不論在什麼時候都一吐為快時，想想你鋒利的語言之箭是否傷害到自己或他人。

如果問你，你喜歡說直言直語的人，還是拐彎抹角的人，你一定喜歡前者。是的，生活當中我們都喜歡直爽的朋友，期待彼此直來直去，甚至肝膽相照。但往往我們又陷入深深的內心矛盾之中——喜歡彼此無話不談，又討厭對方口無遮攔，所以，直言直語並不見得討人喜歡。

劉剛是一公司的中級職員，他的心地非常好，可是卻一直升不了職。和他同齡、同時進公司的同事，不是外調獨當一面，就是成了他的頂頭上司。另外，別人雖然都稱讚他「好」，但他的朋友並不多，不但下了班沒有應酬，在公司裡也常獨來獨往，好像不大受歡迎的樣子……

其實劉剛能力並不差，也有相當好的觀察、分析能力。問題是，他說話太直了，總是直言直語，不加修飾，這直接影響了他的人際關係。

同事之間有了不同的看法，最好以委婉的口氣提出自己的意見和建議，語言得體是十分重要的。直言直語是一把雙刃劍，而不是一把可以披荊斬棘的開山斧，有這種個性的人應該反省自己。

「直言直語」是人性中一種很可愛、很值得大家珍惜的特質，因為也唯有這種「直言直語」的人，才能讓是非得以分明，讓正義邪惡得以分明，讓美和醜得以分明，讓人的優缺點得以分明。只是在現實社會裡，「直言直語」卻是有這種性格的人的致命傷，理由如下：

1、喜歡「直言直語」的人說話時常只看到現象或問題，也常只考慮到自己的「不吐不快」，而不去考慮旁人的立場、觀念、性格。他的話有可能是一派胡言，但也有可能鞭辟入裡。一派胡言的「直言直語」對方明知，卻又不好發作，只好悶在心裡；鞭辟入裡的「直言直語」因為直指核心，讓當事人不得不啟動自衛系統，若招架不住，恐怕就懷恨在心了。

2、喜歡直言直語的人一般都具有「正義傾向」的性格，言語的爆發力及殺傷力也很強，所以有時候這種人也會變成別人利用的對象，鼓動你去揭發某事的問題，去攻擊某人的不公。不管成效如何，這種人總要成為犧牲品：成效好，鼓動你的人坐享戰果，你分享不到多少；成效不好，你必成為別人的眼中釘，是排名第一的報復對象。

在現實社會裡，直言直語是一把傷人又傷己的雙面利刃，而不是披荊斬棘的「開山刀」有時候語言也需要包裝，這種包裝並不是故意遮遮掩掩繞彎路，而是表現出一個人對交往對象的尊重和體貼，表現出一個人交際的成熟風範。

你不可能讓所有人滿意

為人處世要講求一定原則，只要襟懷坦白，無愧於心，就不要在意別人的說法，因為你不管怎麼做，都不可能讓所有人都滿意。既然如此，就不要試圖苛求得到所有人的認可。

我們之所以不能讓所有人都滿意，因為我們並不是所有的人，因為每個人的看法都不一樣，所以也不必過於在意別人的議論。不同的人站在不同的立場，會有不同的看法。無論你怎樣做，你都不可能做到讓所有的人都滿意。

無須讓所有人都滿意，意思簡單，道理深刻：社會由眾生構成，每個人從不同角度去看問題，這就必然有各自滿意與不滿意的地方，就是同一個人隨著社會經驗人生閱歷的增加，也可能不同時期有不同看法。所以每做一件事只要不違背原則，無須讓所有人都滿意，事實上也不可能讓所有的人都滿意，只要自己問心無愧即可。

從前有個畫家，想畫出一幅人人見了都喜歡的畫，他把畫好的畫放在路邊，在畫旁放了一支筆，並附上一則說明：親愛的朋友，如果你認為這幅畫哪裡有欠佳之筆，請賜教，並在畫中標上記號。

晚上取回畫時，整個畫面都塗滿了記號，沒有一筆一畫不被指責，畫家心中十分不快，對這次嘗試深感失望。

他決定用另外一種方法再去試試，於是他又畫了同樣的一幅畫拿到路邊，這次他請每位觀賞者將其最為欣賞的妙筆都標上記號，結果是，一切曾被指責過的筆劃，如今卻換上了讚美的標記。

最後，畫家無不感慨地說：「我現在終於明白了，自己做什麼只要使一部分人滿意就足夠了，因為有些人看來是醜的東西，在另外一些人眼裡則恰恰是美好的」。

就像故事說的那樣，每個人的欣賞水準，欣賞角度不一樣，所以對同一事物的評價也是各不相同，所謂眾口難調說的就是這個意思，尤其是在進行藝術創造的時候，如果在意大家的觀點，那麼創作就會趨於大眾口味，結果最多是個三流水平，綜觀古今中外，那些流芳後世的作品在當時都是不被接受的，比如大畫家梵谷，他一生貧困，他的畫不被人欣賞，直到了去世後，人們才發現他作品的偉大藝術成就，而和梵谷同時代在當時聲名顯赫地畫家又有幾個人能被後世人知曉呢？

不僅僅在創作中是這樣，在日常生活中，由於習慣，愛好不同，所以難免會不合別人的標準，或者能力有限，難免會受到非善意的嘲笑，此時，我們都應該堅持自己的原則，放棄那種太在意別人的心態，讓自己活得輕鬆一點。

公說公有理，婆說婆有理，面對同一件事情，有多少個人就有多少種道理。人生不是做算術題，每一個問題都有固定的標準答案，很多時候，誰是誰非難以定奪。如果企圖把每一件事情都弄得清清楚楚，那樣勢必把自己搞得太累。其實，只要不是大的原則問題，還是隨意一點好。

別人說的，讓人說去，別人做的，讓人做去，我們控制不了別人的言論自由，但是絕不要被人家的評價牽住自己，更不要因別人的言語而苦惱，記住：自己就是自己，自己才是自己的主人。

別人的意見要有選擇地聽

成功既不是全盤接受，也不是全盤放棄，而是在關鍵時刻能夠及時修正自己的目標和行動，走好關鍵的幾步。關鍵時刻，既需要冷靜地用開放的心胸聽別人的意見，也要堅持自己的心，去做正確抉擇。

別人的意見是否適合自己，要用自己的智慧去分析，絕對不能一味地接受。大多數時間，不肯聽信「忠告」會被戴上「狂傲」、「自以為是」的帽子，但如果因為怕被戴上這些帽子，而盲目聽從別人的「忠告」，失去了自己的主意，往往會形成裹足不前，最終失敗。如果吸納了好的意見或建議，定會使自己省心省力，少走許多彎路。

李師傅的身體一直不太好，醫生囑咐他一定要少喝酒，儘量不喝。他也給自己規定平時儘量不喝，如果實在推不掉就以三杯為原則，堅決不超過三杯。可是，生活中應酬常常很多，幾個朋友坐在一起，常常要推杯換盞，邊喝邊聊。他本來規定自己只喝三杯，而且開始時還能堅持，但在朋友的再三勸說之下，幾杯酒下肚後，腦袋一熱，什麼三杯原則？五杯又能怎麼樣？於是，他把原則丟在了腦後，放開肚子喝了起來，結果喝得酩酊大醉，誤了其他的事不說，自己的老毛病胃病又犯了，而且更加嚴重了，後悔不迭。

很多時候，我們必須接受別人的寶貴意見，以避免走彎路。所以，用耳聽，用腦想，有選擇地接受他人的意見，要知道，他山之石可以攻錯，也可以砸自己的腳。但這並不是讓你處處都聽別人的，毫無主見。要知道，別人的意見可以聽，但要有選擇地聽，不要失去自己做人的原則，要有自己的想法。正如李彥宏所說「聽多數人意見，和少數人商量，自己做決定。」

某村的楊某想挖魚塘養魚，有人建議坑底要鋪上一層磚，這樣既乾淨還又會節省水；又有人建議說，不能鋪磚，鋪了磚魚就接觸不著泥土，對魚的生長不利；還有人說……周圍很多親戚朋友給他提建議，他思索了好幾天，可行的建議採納，不可行甚至錯誤的建議就摒棄掉，於是很快，楊某的魚塘就蓋起來了。

面對各種建議，如果楊某左右犯難，或者全盤接受，都是不可取的。每個人要有自己的想法。在別人的意見也不一定正確的前提下，為什麼要去迎合別人呢？

在社會生活中，由於分工和能力的不同，就必然要有領導者和被領導者。既要有人運籌帷幄、掌管大局，又要有人身體力行、動手去做。但是，不管做什麼，都要學會集思廣益，但又保持自己的思想，不能一點主見沒有，沒有自己的原則。所以，聽取和尊重別人的意見固然重要，但千萬不要用別人的標準給自己貼上標籤。這樣不僅會失去許多可貴的成功機會，有時還會失去自我，失去成功的機會。

不會集思廣益的人，是一個不明智的人，不論做什麼事都難以做成；不善於聽取朋友意見的人，是一個剛愎自用的人，終歸也成就不了什麼事業。如果事事都聽取別人的意見，毫無半點自己主見的人，同樣也不可能有所作為。

不要為了一棵樹而放棄整個森林

智者說：「兩弊相衡取其輕，兩利相權取其重。」這就是選擇的智慧，通俗點說就是我們不能為了一粒芝麻而丟掉西瓜，不能為了一棵樹而放棄整個森林。

選擇與放棄從來都是和欲望相關聯，一個人倘若無法控制自己的欲望，無法清楚地判斷出自己想要什麼、能得到什麼，往往就會得不償失。

有這樣一個故事：

從前有一隻小猴子，有一天運氣特別好，在回家的路上撿到了不少的東西。可是牠撿一樣，就丟一樣，最後一次，小猴子竟然為了撿一粒芝麻，把上次撿到的西瓜丟在路邊。結果回到家的時候，小猴子手裡只剩下一粒芝麻。

撿了芝麻丟了西瓜的事例在現實中屢見不鮮。正所謂取捨之間，彰顯智慧。

在這個物欲橫流的社會，很多人對於金錢名利的追求過於執著，不也像故事中的猴子一樣只顧及一粒芝麻，等到後來，終將發現所損失的，竟是一個大西瓜嗎？想想，你現在的追求，是否也是放棄了手中的西瓜，而是追求芝麻？

想要駕馭好生命之舟，我們面臨的是一個永恆的主題：那就是學會放棄。如果只懂得抓住不放，甚至貪得無厭，那麼在這個燈紅酒綠的花花世界，那麼多的誘惑如何去抗拒？當你疲憊不堪的時候，你可以摸一摸自己的頭頂上，是哪一層光環迷住了自己的心眼。及早把它扔掉，你會輕鬆許多。

有一次，一位大商人乘專機到以色列參加一項商務談判，到達的那天恰好是週六。在美國備受交通堵塞之苦，因而對這裡街上汽車稀少、交通暢通無阻感到很奇怪。他問：「你們首都的車輛這麼少嗎？」

「你們有所不知。」有人解釋道，「我們從每週五晚上開始，一直到星期六的傍晚為止，是禁菸、禁酒、禁欲的時間，一切雜念皆摒除九霄雲外，一心一意地休息和向神祈禱，人們大都待在家裡，所以街上來往的汽車比平日起碼減少一半。從週六晚上起，才是我們真正的週末，便是我們盡情享受的時候。」

「你們真懂得休息和享受。」那位商人羨慕地說。

「因為我們知道只有健康的身體，才能享受快樂的人生。」這人不無得意地說，「健康是商人最大的本錢。要想有健康的身體必須吃好、睡好、玩好。我們猶太人雖然亡國達兩千年，長久浪跡天涯，遭人歧視和迫害，但並沒有因此而絕滅，這與我們注重養身之術是分不開的。」

健康不僅是商人最大的本錢，對每一個人而言，都是如此。有一個好身體，才有精神做事，才有精力去開創屬於自己的幸福路。追逐財富，是為了更好地休息，在成功人士的心中，解放自己的日子，才是真正的假日。如果一個人在工作之餘還在為工作煩惱，或者把工作帶回家來做，他是很不幸的，因為他隱性地犧牲了陪家人和休息的時間。

想想看，不少人就是因為放不下到手的職務、待遇而錯失了更好的發展前途；一些人是放不下擁有金錢的欲望，所以費盡心思，想利用各種機會去大撈一把，結果作繭自縛，陷入生命的泥沼；也有一些人因為放不下對權力的佔有欲，而熱衷於溜鬚拍馬、行賄受賄，事情敗露，面對的是法律的嚴懲；還有一些人放不下美貌的誘惑，最終落得妻離子散人財兩空……

這些人的行為都是得不償失的，為了一棵樹而錯失了整片森林。生命之舟載不動太多的物欲和虛榮，要想使之在抵達彼岸時不在中途擱淺或沉沒，就必須輕載，只取需要的東西，把那些應該放下的「芝麻」果斷地放下。

生命是脆弱的，我們要學會輕鬆上路。這就像在沙漠上背著金子走不動的旅人，必要的時候，要放下金子，去尋找維持生命的水源。如果為了金子渴死在沙漠裡，再多的金子又有什麼用呢？利益從來都是極具誘惑力而且是絕大多數的人無法抵抗的，重要的是你要權衡並選擇其中一個利益最大的。

堅持值得堅持的事

在生活中，只有具體問題具體分析，在特定的情況下選擇是否值得堅持，才會獲得捷徑。人不能死鑽牛角尖，要清楚哪些事情值得堅持，那些事情可以放棄，千萬不能一條路走到黑。

古人告誡我們說「鍥而不捨，金石可鏤」。很多人也因此總是滿懷信心地咬緊牙關堅持著，等待著，希望等到柳暗花明。然而，漫長的等待與堅持後，並不是每個人都能迎來光明。有的人堅持下去，終於看到了希望；而有的人窮其一生，也毫無所獲。為什麼呢？因為後者只知道盲目地等待與堅持，卻從來都沒有考慮過，這件事，到底值不值得自己如此堅持下去。

有這樣一個故事：

維斯卡亞公司是二十世紀八〇年代美國最為著名的機械製造公司，許多大學生畢業後到該公司求職均遭拒絕，原來，該公司的高技術人員爆滿，不再需要各種高技術人才。但是令人垂涎的待遇和足以使人自豪、炫耀的地位仍然向求職者閃爍著誘人的光環。

史蒂芬是哈佛大學機械製造專業的高材生。和許多人的命運一樣，在該公司每年一次的用人測試會上他的申請被拒絕了。史蒂芬並沒有死心，他發誓一定要進入維斯卡亞重型機械製造公司。於是，他採取了一個特殊的策略——假裝自己一無所長。

他先找到公司人事部，提出願意為該公司無償提供勞動力，請求公司分派給他任何工作，他都不計任何報酬來完成。公司起初覺得這簡直不可思議，但考慮到不用任何花費，也用不著操心，於是便分派他去打掃車間裡的廢鐵屑。

一年裡，史蒂芬勤勞地重複著這種簡單但是勞累的工作。為了糊口，下班後他還要去酒吧打工。這樣，雖然得到老闆及工人們的好感，但是仍然沒有一個人提到錄用他的問題。

二十世紀九○年代初，公司的許多訂單紛紛被退回，理由均是產品品質問題，為此公司將蒙受巨大的損失。公司董事會為了挽救頹勢，緊急召開會議商議對策，當會議進行了一大半仍未見眉目時，史蒂芬闖入會議室，提出要直接見總經理。

在會議上，史蒂芬對這一問題出現的原因作了令人信服的解釋，並且就工程技術上的問題提出了自己的看法，隨後拿出了自己對產品的改造設計圖。這個設計非常先進，恰到好處地保留了原來機械的優點，同時克服了已出現的弊病。

總經理及董事會的董事見到這個外編清潔工如此精明在行，便詢問他的背景以及現狀。史蒂芬當即被聘為公司負責生產技術問題的副總經理。

原來，史蒂芬在做清掃工時，利用清掃工到處走動的特點，細心察看了整個公司各部門的生產情況，並一一做了詳細記錄，發現了所存在的技術性問題並提出了解決的辦法。他花了近一年的時間搞設計，獲得了大量的統計資料，為最後一展才幹奠定了基礎。

如果我們也有史蒂芬這種不輕易放棄、堅持到底的精神，有在平凡中求偉大的品性，那麼離成功也就不遠了。

堅持是一種很好的品質，但有的時候並不一定是好事，只有正確的事才值得堅持下去。在你發揚持之以恆的精神之前，務必先找到什麼才是適合自己的，對不適合自己的，要懂得放棄。

《伊索寓言》中有一則關於鄉下老鼠和城市老鼠的故事：

城市老鼠和鄉下老鼠是好朋友。有一天，鄉下老鼠寫了一封信給城市老鼠，信上這麼寫著：「城市老鼠兄，有空請到我家來玩。在這裡，可享受鄉間的美景和新鮮的空氣。過著悠閒的生活，不知意下如何？」

城市老鼠接到信後，高興得不得了，立刻動身前往鄉下。到那裡後，鄉下老鼠拿出很多大麥和小麥，放在城市老鼠面前。城市老鼠不屑地說：「你怎麼能夠老是過這種清貧的生活呢？住在這裡，除了不缺食物，什麼也沒有，多麼乏味呀！還是到我家玩吧，我會好好招待你的。」鄉下老鼠於是就跟著城市老鼠進城去。

鄉下老鼠看到那麼豪華、乾淨的房子，非常羨慕。想到自己在鄉下從早到晚，都在農田上奔跑，以大麥和小麥為食物，冬天還得在那寒冷的雪地上搜集糧食，夏天更是累得滿身大汗，和城市老鼠比起來，自己實在太不幸了。

聊了一會兒，他們就爬到餐桌上準備開始享受美味的食物。突然，「砰」的一聲，門開了，有人走了進來。他們嚇了一跳，飛似的躲進牆角的洞裡。鄉下老鼠嚇得忘了飢餓，想了一會兒，戴起帽子，對城市老鼠說：「鄉下平靜的生活，還是比較適合我。這裡雖然有豪華的房子和美味的食物，但每天都緊張兮兮的，倒不如回鄉下吃麥子來得快活。」說罷，鄉下老鼠就離開回鄉下去了。

城市老鼠眷戀城市的繁華，於是在和人的周旋中危險地生存著；鄉下老鼠面朝黃土背朝天，靠簡單的勞動吃飯，活得心安理得。我們不能斷言，到底哪種生活方式更好。只能說明，只有適合自己的才是最好的，才是真正值得自己堅持下去的。

種子落在土裡長成樹苗後最好不要輕易移動，一動就很難存活。而人就不同了，人有腦子，遇到了問題可以靈活地處理。許多成功人士一生不敗，關鍵就在於用絕了為人處世之道，進退之時，俯仰之間，都運用自如、超人一等，讓左右暗自佩服，以之為師。所以做人做事要學會靈活應變，不能太死板，要具體問題具體分析。前面已經是懸崖了，難道你還要跳下去嗎？不要被經驗束縛了頭腦。堅持很重要，但盲目的堅持是不可取的。千萬別讓堅持成為送給自己的一個虛假安慰，這樣，你的靈魂才不會被它所套牢。

堅持只是一個人成才的條件之一。其他條件，譬如機遇、天賦、愛好、悟性、體質諸項也是缺一不可的。如果你研究某一學問，學習某一技術或從事某一事業確實條件太差，而經過相當的努力仍不見效，那就不妨學會放棄，另闢蹊徑。

人生苦短，韶華難留。選準目標，就要鍥而不捨，以求「金石可鏤」。實際上，堅持並不是要我們盲目地一意孤行，而是要結合自身實際，做值得自己堅持的事情。若目標不適，或主客觀條件不允許，與其蹉跎歲月，徒勞無功，還不如學會放棄，「見異思遷」。如此，才有可能柳暗花明，再展宏圖。班超投筆從戎，魯迅棄醫學文，都是「改換門庭」後而大放異彩的楷模。可見，如果能審時度勢、揚長避短、把握時機，放棄，則既是一種理性的表現，也不失為一種豁達之舉。

只能裝傻，不能真傻：長大後應該學會的事情

Things to know after you' ve grown up

第二章

得饒人處且饒人

路留一步，
味留三分，
是一種利世濟人的處世方式。
在生活中，
除了原則問題須堅持外，
對小事互相謙讓會讓你身心愉悅。

口下有情，腳下有路

路留一步，味留三分，是一種利世濟人的處世方式。在生活中，除了原則問題須堅持外，對小事互相謙讓會讓你身心愉悅。

口下留情是一種寬宏雅量，有時還會給自己留條後路。要知道，凡事不可做絕，須給自己和別人留有餘地和退路。口下留情，腳下才能有路。留一點餘地給得罪你的人，不但不會吃虧，反而會有意想不到的驚喜和感動。

俗話說得好「人情留一線，日後好見面」。凡事留有餘地，日後能進退自如，收斂從容。這是處世的藝術，人生的哲學。換而言之，也就是說在待人處事中，萬不可把事情做絕，要時時處處為自己留下可迴旋的餘地，就像行車走馬一樣，你一下子走到山窮水盡的地方，調頭就不容易了。

張啟與楊陽同去某地出差，採購一種緊缺物資。他們到某地時，當地已無貨供應，必須再等一個月才有貨，於是張啟和楊陽空手而歸。可是在向老闆報告時，楊陽竟對老闆說：「年輕人就是貪睡，那天早晨如果小張早點起來，我們可能就買到貨了。」張啟說：「本來就沒有貨了啊，這與早起有什麼關連呢？」老闆連忙批評張啟說：「老楊說得對啊！你應該接受，以後改正！」張啟聽了老闆的批評只有無可奈何地歎氣，還有什麼可辯解的呢？不過從此以後，張啟對楊陽敬而遠之了。久而久之，老闆再派人與楊陽一起出差，大家都藉故推辭。

有些人為了達到貶損他人的目的，將針眼大的事情說得比籮筐還大。還有人善於透過自己與他人的對比貶損他人、抬高自己。

俗話說「過頭飯不吃，過頭話不說」，就是這個道理。另外，在大多數情況下，要特別注意「才不可露盡，力不可使勁」。在辦任何事的時候，多使一點「太極推手」的功夫，永遠保持一些能夠轉圜應變的能力。具體在日常生活中，承諾別人，拒絕別人，批評別人，凡事都要留有餘地。

法國哲學家伏爾泰天生伶牙俐齒，喜歡譏諷同時代的社會名流。有一天，他和一位朋友閒聊時，卻十分難得地，將一位試圖與他一較長短的同輩作家大大讚揚一番。他的朋友聽完後，十分不以為然地說：「難得你這麼慷慨大方地稱讚這位作家，他卻經常在背後說你壞話，還到處對別人說你是個不學無術的騙子、陰狠歹毒的偽君子。」伏爾泰聽完，不以為意地笑著說：「其實這沒什麼，你知道，我們兩個人一向都喜歡說反話！」

所謂「得意時勿太快意，失意時勿太快口」就是這個道理。人生很長，不知道什麼時候會冤家路窄遇到對方，更何況山不轉路轉，事情不能做得不留絲毫餘地，這樣表面上是沒有給別人轉圜的餘地，但從內在或是長遠來看，則是將自己推入一條沒有歸路的死胡同，尤其是同行之間。同行一定有再見面的時候，如果做得太絕，吃乾抹淨，不給別人留一些餘地，惡名傳出去後，會為了一筆生意斷了一世生意。就像戰國時候孫臏與龐涓的故事一樣，龐涓下山時，鬼谷子教他，「路狹隘處，退一步與人行」，龐涓沒有聽，做得太過分了，使自己死在亂箭之下。

在社會上，有人無論說話也好，做事也好，不肯給別人一點餘地，不願給別人一點空間的，往往只為了「爭一口氣」，本來沒什麼大不了的事，非要互不相讓，結果小事變大事，甚至搞得兩敗俱傷，真是何苦？

人在世間若是不能忍受一點閒氣，不肯與人方便，讓人一步，往往會使自己到處碰壁，到處遭逢阻礙。不肯給人方便，結果自己到處不方便。如果一個人平常說話肯讓人一句，辦事肯讓人一步，也許收穫更大。

流水有迴旋的餘地，才會減少災害，江河有漲落的餘地，才不至氾濫成災；留有餘地，才能做均衡，對稱，和諧；留有餘地，才能做到進退從容，屈伸任意。人情翻覆似波瀾。今天的朋友，也許成為明天的對手，而今天的對手，也可能成為明天的朋友。世事一如崎嶇道路，行走時困難重重。因此，為人處世，口下留情，這樣做，既是為他人著想，又能為自己留條後路。

把「逐客令」說得有人情味

如果你遇到不受自己歡迎的客人，那麼也無須太多忍耐，開出人情味十足的逐客令，你就可以輕鬆地達到既送客又不傷感情的目的。

那麼，我們該如何接待不速之客，使之既顯示出我們的禮貌，又不會而因此影響了我們的生活呢？最好的對付辦法是：向他下一道富有人情味的「逐客令」。怎樣才能把「逐客令」說得美妙動聽，做到兩全其美：既不挫傷客人的自尊心，又使其變得知趣離開呢？

1、用婉言柔語來提醒、暗示滔滔不絕的客人

你可以說「今天晚上八點之前我有空，我們可以好好暢談一番。不過，

從八點開始我就要全力以赴寫報告，爭取這次能考上工程師了。」這含意是：請您從八點起就別再打擾我了。或者說「最近我妻子身體不好，吃過晚飯後就想睡覺。我們是不是說話時聲音輕一點？」這句話用商量的口氣，卻傳遞著十分明確的資訊：你的高談闊論有礙女主人的休息，還是請你少來光臨為妙吧。

2、張貼字樣

有些人對婉轉的逐客令可能會意識不到。對於這種人，可以用張貼字樣的方法代替語言，讓人一看就明白。看到這張字樣，誰還會好意思喋喋不休地說下去呢？

根據具體實際情況，我們可以貼一些諸如「我家孩子即將參加高考，請勿大聲喧嘩」、「主人正在自學英語，請客人多加關照」等字樣，製造出一種惜時如金的氛圍，使不速之客理解和注意。當然，字樣是寫給所有來客看的，並非針對某一位，所以不會令來客有多少難堪。

3、冷處理

用熱情的語言、周到的招待代替冷若冰霜的表情，使不速之客在「非常熱情」的主人面前感到今後不好意思後離開。冷處理，既不失禮貌，又能達到「逐客」的目的，效果之佳，不言自明。

4、提供建議，讓對方忙起來

有些經常做不速之客的人，一般都是因為自己無事可做。我們可以為他提供一些建議，使他有計劃要完成。如果他是青年，我們可以激勵他多學點東西，多學習學習，充實自己。如果他是中老年，可以根據他的具體條件，誘導他培養某種興趣愛好，或種花，或讀書，或練書法，或跳舞。一旦有了興趣愛好，他就無暇光顧了。

現實生活中，有的時候，你可能並沒有邀請某些人，但客人已經來了。你也難免被那些不請自來的「不速之客」擾得心煩意亂。你勉強敷衍，焦急萬

分，極想對其下逐客令但又怕傷了感情，故而難以啟齒。但是，你「捨命陪君子」，就將一事無成，因為你最寶貴的時間，正在白白地被別人佔有著。

人情不可耗用無度

人情，是一種資源，應該在最需要的時候用。人情是「消防隊員」，救急不救窮。也就是說，人情可以幫助你，是一筆可以使用卻不宜透支的資源。

說到人情，誰也不敢輕慢。一個人在充滿競爭的社會上能不能站得住，行得通，吃得開，關鍵一點是看他佔有了多少人情。「有了人情好辦事，沒有人情事不成」，人情的重要性似乎無須解釋，從這句諺語中足見一斑。而對待人情的分寸卻未必人人皆通。

中文系畢業的小王接編某份雜誌，由於雜誌的財源並不豐裕，不僅人手少，稿費也不高，他又不願意因為稿費不高而降低雜誌的水準，於是小王開始運用人情向一些同學邀稿，這些同學和他都有些交情，但其中一位在寫了數篇後坦白地對他說：「我是以朋友的立場寫稿，雖然你們稿費太低了，錯不在你，但你這樣子做是在透支人情。」

人和人相處總是會有情分的，這情分就是「人情」。有些人便喜歡用「人情」來辦事，但「人情」是有限量的，好像銀行存款，你存得越多，可領出來的錢就越多，存得越少，可領出來的就越少。你若和別人只是泛泛之交。你能要他幫的忙就很有限，因為他沒有義務和責任幫你大忙，你也不可能一次又一次要他幫你的忙；這是因為你的人情存款只有那麼一點點。如果你要求的多，那就是透支了。

透支的結果如何？當然也有人不在乎，但一般會造成兩個結果：你們之間的感情轉淡，甚至對你避之唯恐不及，那麼有可能進一步發展的情分就此斷了。你在他眼中變成不知人情世故的人，這對你是相當不利的。

然而人做事不可能單打獨鬥，有時還是要用到親戚朋友，換句話說，要動用到人情存款簿。那麼要如何動用人情才不至於「透支」呢？有以下幾個原則：

1、弄清楚你和對方的情分如何，再決定是不是找他幫忙。

如果能不找人幫忙就儘量不找人幫忙，就好像銀行存款，能不動用當然最好，寧可把這人情用在刀口上。動用人情的次數要儘量少，以免提早把人情存款用光。要有適度的回饋，也就是「還人情」。回饋有很多種，例如主動去幫忙對方，請吃飯送禮物都可以。總之，不要把人家幫你忙當成應該的，有「提」有「存」，再提還有。

2、我們要學會適當的回饋，不要總是透支你的人情資源。

不回饋人情，不但不再有人情可支取，別人還會以為你不近人情，不知好歹，恣意踐踏靠人情辦事的法則，最後你終會落得個沒有分寸的名聲。

所以，追求成功的人士也大多願意助人，關心他人，不斷增加感情帳戶上的儲蓄。反之，不肯增加儲蓄而只想大筆支取的人是無人理會的，這樣的銀行帳戶是根本不存在的。你在感情的帳戶上儲蓄，就會贏得對方的信任，那麼當你遇到困難，需要幫助的時候，就可以利用這種信任，你即便犯有什麼過錯，也容易得到別人的諒解；你即便沒把話說清楚，有點小脾氣，對方也能理解。

3、至關重要的朋友關係要留在關鍵的時候再用。

不要虛擲他們的善意，將彼此的關係浪費於一些無關緊要的事上。火藥要保持乾燥，以備你真正陷入危險之時使用。如果你以大易小，日後就沒有什麼可以剩下來。世上最為珍貴的，莫過於得到寶貴的情義和朋友。因此要善用這些情義，不要透支它。

4、不要過度開發一個資源。

任何資源都有枯竭的一天，同樣，朋友資源也不可過度地開發。它需要我們在開發的時候注意維護，千萬不要過度，就像珍惜淡水資源那樣珍惜朋友資源。有很多人覺得是自己的好朋友，怎麼利用都無所謂，實際情況卻不然：每個人都有心理限度，太過度往往會出問題。那些過度開發自己朋友資源的人最終下場就是眾叛親離，成為孤家寡人。尤其是在商場上更要注重維護自己的朋友資源。

5、不要急功近利，只知向人情要利益，而忽視對人情的及時培植。

把開發和儲蓄控制在合理的比例內，尤為重要。套用日本管理之父松下幸之助有名的資金管理水庫理論：若人情的使用量是十份水，那只能放出六至七份水，必須庫存三到四份水，也就是約三分之一的儲備，以防不測，急用。一般情況，不能動用那保底的三分之一人情，實在到了萬不得已的情況下，才可使用一次，然後，立即補足，絕對不能出現底空。哪怕是短暫的，也不行。要知那是極其危險的，等於拿生命做賭注玩。人情也一樣！必須有足夠的庫存！這庫存就是人情的積蓄，不只是量的積蓄，更有生態環境的優化。

要樹立你的個人口碑，進而樹立你的形象。透過品德的修煉，對慣例及規範的秉持，慢慢累積你的影響力。直到眾望所歸，大家說這個人很不錯，口碑很好，處理問題極其到位。這個時候你的社會資源就非常多，就會有為數不少的人有意無意地捧你、支持你，你的才能就能得到最大的施展。

夫妻吵架有分寸：絕不能傷害感情

夫妻吵架是一門藝術，會吵架的夫妻越吵越親熱，不懂得吵架底線的夫妻則會在鬥嘴中兩敗俱傷，甚至最終選擇離婚。兩種完全不同的結果的區別就在於，夫妻雙方在爭吵的時候有沒有越過吵架的底線：不傷害夫妻感情。

俗話說，牙齒有時也會咬到舌頭！夫妻之間生活一輩子不容易，難免有些衝突，很少有不吵架的。夫妻吵架並不可怕，可怕的是互相傷害。夫妻吵架也並非完全是壞事，夫妻間適度的爭吵，不但不會影響夫妻感情，反而會增進感情。

夫妻吵架無輸贏之分。所以，吵架的時候一定要注意分寸，絕不能傷害感情。夫妻吵架時雙方應注意以下幾點：

1、要抓大放小

原則性問題是需要爭辯，可是有的夫妻為雞毛蒜皮的事也會大吵大鬧，結果傷害了夫妻感情。夫妻之間應該在小事上寬容，大事上多協商，儘量避免衝突發生。

2、忌強迫對方接受自己觀點

有的人以自我為中心，喜歡按自己的想法辦事，不合我意就不依不饒，爭吵不休。夫妻雙方各有自己的性格和生活習慣，經過相互磨合會有些改變，但也有改不了的地方，因此應相互尊重對方的個性，並虛心學習對方的長處，在取長補短中達到協調一致。

3、忌清算舊帳

每吵一次架都把對方以往的「過錯」歷數一遍，用以證明自己的正確，這樣不但不利於當前問題的解決，還會給對方留下「你早就不信任我，不喜歡我了」的印象，有百害而無一利。

4、忌說狠話

不能譏笑對方的某些「傷疤」。更不能在一時氣憤之下，破口大罵，不計後果。比如吵架時言語不留餘地，「你是不是問得太多了」、「我要你怎麼做就怎麼做，受不了可以走」，等等。這類話咄咄逼人，要儘量避免說「我早就看透你了，你要能改，我跟你姓了」這類狠話，因為這不但不利於對方改正錯誤，甚至會激化衝突。

5、應嚴守界限，不要牽涉其他人

兩人發生口角的時候，雖然有可能會因為對方「囂張的氣焰」暫時失去理智，但是再生氣也不能把毫不相關的人牽扯進來。無論是父母兄妹還是閨蜜死黨，在兩人都一肚子火的情況下，這些無辜人士的捲入只會不斷擴大戰場，甚至會僵化彼此的親人圈和交際圈，對夫妻之間矛盾的解決沒有任何幫助。

夫妻吵架本是兩人之間的事，「問責」應該限於夫妻。株連「無辜」、「打擊一大片」，把對方的父母、兄弟、姐妹都捲進去，這樣容易傷親情，更容易使衝突對立複雜化。

6、不要拿「離婚」威脅對方

一有衝突就把離婚掛在嘴上，不但讓人感受以離婚相威脅，還會給對方留下絕情印象。長此以往，最終會把婚姻引向破裂。尤其是中年人，生活壓力大，而且現實社會中的誘惑很多，脾氣很容易就會暴躁起來。為了避免出現這種情況，任何一方都不能埋怨對方，尤其是不能把自己的錯誤歸咎與對方；另外，夫妻如果和好了，應該約定一個月前的事情不准再提。「重新開始」才是最美好的。

7、吵架要避開父母

每個父母都是疼自己的子女多一點，所以你們當著父母的面吵得很凶時，父母往往會幫著自己的子女，而不是有理的那一方。如果事態嚴重的話，父母還會為自己的子女想辦法，看要怎樣鬥倒對方。長期下去，這樣的婚姻已經演變為爭權鬥爭，殘留的感情遲早會在這場拉鋸戰中消耗殆盡。夫妻爭吵時最好避開長輩，也不要在父母面前埋怨對方。

其實有時爭吵也是一種溝通，平時羞於出口的話爭吵時就會說出來，起碼對方知道了你生氣發火的原因。但這種爭吵不能以漫罵和侮辱為內容，那就會大大傷害彼此的感情

話不說滿，要給自己留後路

當我們遇到一些不能確定的事時，千萬不要把話說滿，要學會「模糊表態」。所謂模糊表態即是採取恰當的方式、巧妙的語言，對別人的請求或者是意見做出含蓄、靈活的表態，避免最後事與願違的尷尬和責任的承擔。

一般下廚房做菜的人都有一個習慣，先要少放鹽，待味淡時再加，如果開始之時放鹽太多，一旦味鹹了，就難以改淡了。

說話也是這樣，一定要留有迴旋的餘地。不留餘地，就像下棋走入僵局，即使沒有輸，也無法再走下去了。與此相反，話不說滿，就會使事情愈趨完美。

據說，林肯年輕時，不僅喜歡評論是非，而且常寫詩諷刺別人。林肯在伊利諾州回春田鎮當見習律師後，仍然喜歡在報上抨擊反對者。一八四二年秋，他又寫文章諷刺一位自視甚高的政客詹姆士．席爾斯。他在《春田日報》上寫了一封匿名信嘲弄席爾斯，全鎮哄然，引為笑料。席爾斯是一個自負而敏感的人，他當然會憤怒不已。最後終於查出了寫信的人，他躍馬追蹤林肯，下戰書要求決鬥。雖然林肯能寫詩作文，卻不善打鬥，然而迫於情勢和為了維護尊嚴，他又不得不接受挑戰。到了約定日期，林肯和席爾斯在密西西比河岸碰面，準備一決生死，幸好有人及時挺身而出，阻止了他們的決鬥。

林肯從這件事中汲取了教訓。此後，他行事就小心穩重多了。經歷的事情使他終生受益，也可以說為他後來成為美國歷史上偉大的總統奠定了基礎。由此可見，現實生活中，無論你多麼強大，對手多麼的不屑，無論你地位多高，權多重，錢多少，說話做事，都應該給自己留些餘地。

凡是話說得太滿的人，一定表現出極端性格。凡事極端的人，等於基本上不願妥協，損失掉靈活變通的機會。這典型的表現在公司或企業中，即使在與上司的相處中不會出現問題，上司亦會連帶地想到，這麼一個職員與別的同事、客戶交手，會有很多負面效應產生。

世事如棋局局新，局面是瞬息萬變的，不要把這種情況預計在自己的說話與行動裡，很多事會令自己尷尬，也令對手為難，不可不防。

說話和辦事一樣，要學會懂得變通。在一些場合說話，一定不要把話說滿，要給自己留下餘地，這樣才可以為你在一些複雜的、困難的和尷尬的局面中找到解決問題的方法、找到新出路。

一個公司的產品部經理在每個產品進行市場預測的初期，總是要開公司會議，還經常叫上銷售部和設計部共同討論，同時私底下也會徵求個人意見。正所謂「初生之犢不畏虎」，開會的時候，公司新來的兩個員工孫強和趙彥成都表達了自己超前的思想，得到了公司老闆包括銷售部和設計部的好評。而且兩人在闡述自己想法的同時，還著重強調指出如果按照他們的方法做一定會成功。

產品部經理當即表示要孫強和趙彥成一起寫一份詳細的計畫書出來，公司一定會認真考慮。此話一出，孫強和趙彥成欣喜若狂。作為新人的他們能得到上司如此重視，想來自己也算是幸運的吧。但是新產品在製作的過程中出現了問題，這令公司上下非常緊張。

事後，當公司處理這個問題責任的時候，孫強和趙彥成成了眾矢之的。最後孫強和趙彥成出於無奈，為當初自己「無比堅定」的承諾，遞交了辭職信。

孫強和趙彥成因為不懂得「話不說滿」的說話方法，最終留下了話柄。他們在開會時不僅表明了自己的想法，還要在後面加上按照這個方法來做一定能夠成功。這種飄飄然的自我誇大，也註定了他們最後自討苦吃的結果。所以當別人徵求你意見的時候，在闡述自己想法的同時，一定要注意「話不說滿」，達到明哲保身、留有後路的目的。

中國有句老話，叫「被逼入牆角的兔子也會咬人」。試想，天性溫順的兔子都是如此，更何況人呢?著名的哲學家、教育家蘇格拉底曾經說過：「一顆完全理智的心，就像是一把鋒利的刀，會割傷使用它的人。」在這個世界上，沒有完全絕對的事情，就像一枚硬幣一樣具有兩面性。話說得太慢，事做得太絕，那樣無異於將自己置於死地。

在說話的時候，我們一定要給自己留有一個仔細考慮、慎重決策的餘地。否則，君子一言，駟馬難追，不僅會給人際關係造成不應有的損失，也會因此影響自己的前途和聲譽。

即使手握真理，也不要咄咄逼人

「得理不讓人，無理攪三分。」這是普通人常犯的毛病。其實，世界上的理怎麼可能都讓某一個人占盡了？所謂「有理」、「得理」在很多情況下也只是相對而言的。凡事皆有一個度，過了這個度就會走向反面，「得理不讓人」就有可能變主動為被動。反過來說，如果能得理且讓人，就更能表現出一個人的氣量與水準。給對手或敵人一個臺階下，往往能贏得對方的真心尊重。

生活中常常有些人，無理爭三分，得理不讓人，小肚雞腸。相反，有些人真理在握，不吭不響，得理也讓人三分，顯得綽約柔順，君子風度。前者往往是生活中的不安定因素，後者則具有一種天然的向心力；一個活得嘰嘰喳喳，一個活得自然瀟灑。有理，沒理，饒人不饒人，一般都是在是非場上、論辯之中。假如是重大的或重要的是非問題，自然應當不失原則地論個青紅皂白甚至為追求真理而獻身。但日常生活中，也包括工作中，往往為一些非原則問題、雞毛蒜皮的問題爭得不亦樂乎，以至於非得決一雌雄才算甘休，但往往越是這樣的人越對甘拜下風的瞧不順眼。

古希臘寓言家伊索曾說道：「不要瞧不起任何人，因為誰也不是懦弱到連自己受了侮辱也不能報復的。」懦弱的人通常會忍受許多不必要的委屈，他們的內心或極為兇惡，或極為寬闊，無論何者他們仍然擁有回擊的能力，萬不可等閒視之。因此，即使手握真理，也不要過分形式，咄咄逼人，凡事都留個餘地，因為人是人，人不是神，不免有錯處，可以原諒人的地方，就原諒人。

暢銷書作家托尼．希勒獲得過美國偵探小說家大師獎。他第一次打工是做農場工，而且受益匪淺。

他十四歲時，英格拉姆先生敲響了他們農舍的門。這個老佃農住在馬路那頭大約一英里的地方，想找人幫助收割一塊苜蓿地。這就是托尼得到了第一份有報酬的工作，一小時十二美分，要知道這在一九三九年已經很不錯了，當時還屬於經濟大蕭條時期。

一天，英格拉姆先生發現一輛裝有西瓜的卡車陷在自家的瓜地中。顯然，有人想偷走這些西瓜。

英格拉姆先生說車主很快就會回來的，讓托尼在那兒看著，長點見識。沒過多久，一個在當地因打架和偷竊而臭名昭著的傢伙帶著兩個體格粗壯的兒子出現了。他們看起來非常惱怒。

英格拉姆先生卻用平靜的口吻說道：「哎，我想你們要買些西瓜吧？」

那個男人回答前沉默了很久：「嗯，我想是的。你要多少錢一個？」

「二十五美分一個。」

「好吧，你幫我把車弄出來吧，我看這價格還合適。」

這成了他們夏天裡最大的一筆買賣，而且還避免了一場危險的暴力事件。等他們走後，英格拉姆先生笑著對他說：「孩子，如果不寬恕敵人，就會失去朋友。」

幾年以後，英格拉姆先生去世了，但托尼永遠忘不了他，也忘不了第一次打工時他教給自己的東西。

待人寬厚是一種美德。事情本來不大，得饒人處且饒人，得理也要讓三分。原諒人不等於窩囊，是有意為之的高尚。懂得這些，也就沒有什麼氣可生了。反而會為你的生意積存人脈，積聚人氣。

「人活一口氣，佛爭一炷香。」這是一個人在被人排擠，或者被人欺侮時，經常說的一句急欲「爭氣」的話。其實也未必如此，就像古代名人張英說的那樣，「萬里長城今猶在，不見當年秦始皇」。「千里捎書為堵牆」，卻不如「得饒人處且饒人，讓他三尺又何妨」。

寬以待人是門藝術，掌握了這門藝術，你的生意也許會獲得意想不到的成功。一個成功的人不僅自己的胸懷寬廣，更會注意別人的自尊。因為一旦自尊心受到傷害，就不是那麼容易彌補的，甚至可能為自己樹起一個敵人。「得理且讓人」就是要照顧他人的自尊，避免因傷害別人的自尊而為自己樹敵。

給別人臺階，就是給自己留面子

當對方發生一些讓自己下不了臺的事，需要你主動留給對方一個臺階，讓他順勢走下來。這也就是維護對方面子的意思，他們對你的這一舉動會心存感激。

魯迅說過，面子是中國人的精神食糧，愛面子似乎已經成為人性的一大特點。可是我們不能只愛自己的面子，而不給他人面子。每個人都有一道最後的心理防線，一旦我們不給他人退路，不讓他人臺階下，他只好使出最後的一招——自衛。因此，我們遇事待人時，應謹記一條原則：別讓人下不了臺階。

有一段時間，通用電氣公司遇到一項需要慎重處理的問題——公司不知該如何安排一位部門主管查理斯的新職務。查理斯原先在電氣部是個一級技術天才，但後來被調到統計部當主管後，工作業績卻不見起色，原來他並不勝任這項工作。公司領導層感到十分為難，畢竟他是一個不可多得的人才，何況他性格還十分敏感。如果激怒惹惱了他，說不定會出什麼亂子！經過再三考慮和協調後，公司給他安排了一個新職位：通用公司諮詢工程師，工作級別仍與原來一樣，只是另換他人去接手他現在的那個部門。

對此安排查理斯自然很滿意。公司當然也很高興，因為他們終於把這位脾性暴躁的大牌明星職員成功調遣，而且沒有引起什麼風暴，因為公司讓他保留了面子。

我們都看重自己的面子，面子就等於尊嚴、形象，這也許是人們與生俱來的一種自尊心和虛榮心所致吧。所以每個人都展現在眾人面前都格外注意自己的形象，讓自己有「面子」，

然而，生活中往往有一些讓我們丟面子的事情，比如在公共場所，不小心打了個嗝；唱歌的時候本想表現自己，高音卻死活唱不上去；不想示人的糗事，被別人發現了等。這個時候我們會變得異常尷尬，恨不得找個地洞鑽進去。如果此時遭到對方的嘲笑，你必定對他恨之入骨，覺得對方是落井下石之人；相反，如果這個

時候對方裝傻，表示什麼也沒看見，或是對此一笑了之，你就會順勢下臺階，保住自己的面子，維護自己的自尊心，而感激對方。

一天，一位多年不見的朋友帶著他的孩子來家看望史蒂芬。正當他倆談得興趣盎然時，那個壯得像牛的孩子爬上了史蒂芬的床，更不幸的是，他把那床當成跳跳床在上面又蹦又跳，床被他折騰得不像樣子。史蒂芬看在眼裡，疼在心上。如果直接請他下來未免有些不留情面，使老朋友尷尬，臉上掛不住；如果裝作視而不見，他這麼折騰也不是個辦法。

於是，史蒂芬靈機一動，幽默地說道：「讓你的兒子回到地球上來吧，別在月球上跳了，那上面很危險！」

朋友立即心領神會，把兒子抱到地上玩。之後兩人相互對視，坦然笑之。

一句話一箭雙雕，既使老朋友的面子保住了，也達到了自己的目的。

每個人都有自尊，都希望別人凡事都能顧及自己的面子！而我們卻很少會考慮到這個問題。我們常喜歡擺架子、我行我素、挑剔、恫嚇、在眾人面前指責孩子或雇員，而沒有多考慮幾分鐘，講幾句關心的話，為他人設身處地地想一下，要是這樣去做了，就可以緩和許多不愉快的場面。

人們都是要面子的。你維護了他人的面子，就等於給了他人最好的禮物，他人一定會對你產生好感，對你充滿感激。如果有必要，你應該盡可能地幫助別人走出尷尬的境地。

心領神會，替別人遮掩難言之隱

生活中，我們經常會遇到這樣一些人，他們有一些難以啟齒的想法，或者是為自己做了一件不光彩的事情而悔恨，或者是因為尋求幫助而不得，這個時候，你就要做一個善解人意的人。

有些事情「可意會不可言傳」，即使看透了他人的某些想法，也不要說出來。如果你能以一種很巧妙的方式幫他們遮掩過去，也不枉是一種明智之舉。

鄭武公的夫人武姜生有兩個兒子，長子是難產而生，取名為寤生，相貌醜陋，武姜心中深為厭惡；次子名叫段，成人後氣宇軒昂，儀表堂堂，武姜十分疼愛。武公在世時武姜多次勸他廢長立幼，立段為太子，武公怕引起內亂，就是不答應。

鄭武公死後，寤生繼位為國君，是為鄭莊公。封弟段於京邑，國中稱為太叔段。這個太叔段在母親的慫恿下，竟然率兵叛亂，想奪位。但很快被老謀深算的莊公擊敗，逃奔共國。莊公把合謀叛亂的生身母親武姜押送到一個名叫城潁的地方囚禁了起來，並發誓說：「不到黃泉，母子永不相見！」意思就是要囚禁他母親一輩子。

一年後，鄭莊公漸生悔意，感覺自己待母親未免太殘酷了點，但又礙於誓言，難以改口。這時有一個名叫潁考叔的官員摸透了莊公的心思，便帶了一些野味以貢獻為名晉見莊公。

莊公賜其共進午餐，他有意把肉都留了下來，說是要帶回去孝敬自己的母親：「小人之母，常吃小人做的飯菜，但從來沒有嘗過國君桌上的飯菜，小人要把這些肉食帶回去，讓她老人家高興高興。」

莊公聽後長歎一聲，道：「你有母親可以孝敬，寡人雖貴為一國之君，卻偏偏難盡一份孝心！」潁考叔明知故問：「主公何出此言？」莊公便原原本本地將發生的事情講了一遍，並說自己常常思念母親，但礙於有誓言在先，無法改變。潁考叔哈哈一笑說：「這有什麼難處呢！只要掘地見水，在地道中相會，不就是誓言中所說的黃泉見母嗎？」莊公大喜，便掘地見水，與母親相會於地道之中。母子兩人皆喜極而泣，即興高歌，兒子唱道：「大隧之中，其樂也融融！」母親相和道：「大隧之外，其樂也洩洩！」潁考叔因為善於領會莊公的意圖，被鄭莊公封為大夫。

每個人都有難言之隱，包括平時那些高高在上的人。這時，作為一個旁觀者要善於心領神會，替人遮掩難言之隱。這不失為一種高明的做人之道。我們經常會遇到這樣的人，心裡想到了一些事情，當不思議說出來，更不知道如何去做了。這個時候，你需要善解人意地去解圍。這是一種做人的技巧，需要平時細心留意，學會觀察生活。矛盾時給別人臺階，也是給自己臺階

在與人發生衝突時不說絕話，能表現一個人寬容大度的高尚品格。在正常情況下，人們的度量大小是很難表現出來的。而當與別人發生了衝突，使你難以容忍的時候，能否容人，就能表現得一清二楚了。這時只有那些思想品格高尚的人，才會保持頭腦清醒，做出寬容的姿態，不把話說絕，避免兩顆本已受傷的心再受到進

一步的傷害。

事實上，發生衝突後，雙方肯定誰心裡都不痛快，很容易失態，口出惡言，把話說絕了。這樣的痛快只能是一時的，受傷害的是雙方長遠的關係和自己的聲譽。所以，即使有了再大的衝突，我們也應該把握住一點，就是不把話說絕，給對方，也給自己一個臺階下。

有的人會說：「發生衝突，我就打算和他絕交了，把話說絕了又怎麼樣？」真是這樣嗎？要知道，暫時分手並不等於絕交。

友好分手還會為日後可能出現的合好埋下伏筆。有時朋友間分手絕交並非是彼此感情的徹底決裂，而是因一時誤會造成的。如果大家採取友好分手的方式，不把話說絕，那麼，有朝一日誤會解除了，很可能重歸於好，使友誼的種子重新綻放出絢麗的花朵。在這方面不乏其例。

十七世紀初，丹麥天文學家第谷·布拉赫和德國的天文學家開普勒共同研究天文學，兩個人建立了親密的友誼。後來，由於開普勒受妻子的教唆，丟下研究課題，離開了第谷。然而第谷並沒有因此而指責開普勒，還寬大為懷，寫信做解釋。

不久，開普勒終於明白自己誤聽了讒言，十分慚愧，寫信向第谷道歉，並回到已病重的第谷身邊。兩個人言歸於好，再度合作，終於出版了《魯道夫星表》，使他們的名字得以載入科學史冊。

從這個事例可以看出，他們之所以能恢復友誼並共同做出成就，是與當時採取友好分手方式有直接關係的。所以說，不把話說絕實在是一種交際美德，值得提倡。

有的人不明白這個道理，他們一和別人發生衝突就取下策而用之，謾罵指責，與人反目為仇，把話說得很絕以解心頭之恨。這樣做痛快倒是痛快，但他們沒有想到，在把別人罵得狗血淋頭的同時，也就暴露了自己人格上的缺陷。人們會從這樣的情景中看到，他對別人居然如此刻薄，如此不留情面，翻臉不認人，因而會離他遠遠的，以免惹「禍」上身。

不要逼著別人認錯，否則會讓他心存怨恨

逼迫別人認錯，你可能會得到一時之快，殊不知，這種違背他內心意願的做法不僅激起了他的叛逆心理，使事情的錯誤得不到及時的解決，還會在他心中積下怨恨。如果這種事發生多了，這些累積的「怨恨」將導致更嚴重的後果。

我們應該認識到，在許多時候，逼別人認錯無疑傷害了別人的面子，對於自己也是百害而無一利。既然樂意認錯的人如此之少，我們在日常生活中就要少和別人爭辯，因為爭辯的目的常常是想告訴別人你是錯的。

有一位社交專家說：「應酬的最高效果，是你不使用任何強制手段而使對方照著你的意思去做。」對方完全出於自願去做，比你強制要求別人做的效果好得多了。

查理斯·史考勃有一次經過他的鋼鐵廠。當時是中午休息時間，他看到幾個人正在抽菸，而在他們的頭上，正好有一塊大招牌清清楚楚地寫著「嚴禁吸菸」。如果史考勃指著那塊牌子對他們說：「難道你們都是瞎子嗎？」這樣顯然只會招致工人對他的叛逆和憎惡。

史考勃沒有那麼做，相反，他朝那些人走去，友好地遞給他們幾根雪茄，說：「諸位，如果你們能到外面抽掉這些雪茄，那我真是感激不盡了。」吸菸的人這時立刻知道自己違犯了規定，於是把菸頭掐滅，同時對史考勃產生了好感和尊敬。

史考勃沒有簡單地斥責他們，而是使用了充滿人情味的方式，使別人樂於接受這樣的批評。這樣的人，誰不樂於和他交往呢？

說話、辦事難免會犯下一些錯誤，但人的本性是不願意承認錯誤的，因為這畢竟是件不愉快的事情，會傷面子。會處世的人在與人交往時，不會逼著已經犯錯的人認錯，更不會強調他的錯誤。

一九七七年八月，幾名克羅地亞人劫持了美國環球公司從紐約拉瓜得機場至芝加哥奧赫本的一架班機，飛機兜了一個大圈，越過蒙特利爾、紐芬蘭，最終降落在巴黎戴高樂機場。在這裡，法國員警打破了飛機的輪胎。

飛機停了三天，劫機者跟警方僵持不下，法國警方向劫機者發出最後通牒：「喂，夥計！你們能夠做你們想做的任何事情，但美國員警已到了。如果你們放下武器跟他們一塊回美國去，你們將會判處不超過二年至四年的徒刑，也可能意味著你們也許在十個月左右釋放。」

法國員警停頓片刻，目的是讓劫機者將這些話聽進去。接著又喊：「但是，如果我們不得不逮捕你們的話，按我們的法律，你們將被判處死刑。那麼你們願意走哪條路呢？」劫機者投降了。

劫機者因為機組人員的抗拒和警方的追捕而無法達到預定目的，但由於不清楚警方的態度而不敢輕易放下武器，陷入進退兩難的局面。法國員警如果一味強調對方的錯誤，可能會適得其反，激發劫機者的暴力傾向。因而，法國員警在勸說中給足了劫機者面子，明確地向對方指出了兩條道路：投降或者頑抗，投降的結果是十個月左右的徒刑，而頑抗的結果只能是死刑。面對這兩條迥異的道路，早已心慌意亂的劫機者只能選擇棄械投降。

不逼別人認錯，說穿了就是維護他人的尊嚴。因此，人與人交往，在為自己爭得面子的同時，不會忘了給別人也留些尊嚴，愛護別人甚至死敵的面子，這一點非常重要。對於敵人，尤其是鋌而走險的對手，同樣要留下轉圜的餘地。

把對方逼上絕路只會導致其負隅頑抗。而「殲敵一千，自損八百」，這對於雙方都沒有好處，也不是解決問題的辦法。不逼別人認錯，保住失敗者的面子，不要得意忘形地陶醉於個人的勝利。只要不使敵人顏面盡失而產生不共戴天的仇恨，一般情況下是不會成為「死敵」的。

勿當面揭穿他人的錯誤

不要隨意地揭人傷疤，即使你和對方關係再好，也不要總是當眾說別人的壞處，更不要將別人的錯事或缺點拿出來當笑料。你要明白，傷疤是每個人的底線，多次提及，即使關係再好也會心生芥蒂的。

金無足赤，人無完人，別人有錯的時候要故作不知，事後自圓其說，盡力彌補。

中國人酷愛面子，視尊嚴為珍寶，而稍有點地位的人更加愛面子。若不慎做了錯誤的決定或說錯了什麼話，如果別人直接指出或揭露他的錯誤，無疑是向他的權威挑戰，會讓他很沒有面子，會損害他的尊嚴，刺傷他的自尊心。

無論你用什麼方式揭穿別人，說他錯了，你以為他會同意你嗎？很多時候，絕對不會，即使你搬用所有的邏輯與他辯論，也改變不了他的看法，因為你傷了他的感情。

別人犯錯誤的時候，要維護他的尊嚴。要選擇合適的時候或場合採取合適的方式，以免自討沒趣。

別人出現失誤或漏洞時，害怕馬上被人批評糾正。有些人直言快語，肚裡藏不住幾句話，發現他人的疏漏就沉不住氣。

有一家公司新招了一批員工，在董事長與大家的見面會上。董事長逐一點名。

「黃燁（華）。」

全場一片靜寂，沒有人應答。

一個員工站起來，怯生生地說：「董事長，我叫黃燁（葉），不叫黃燁（華）。」人群中發出一陣低低的笑聲，董事長的臉色有些不自然。

「報告董事長，是我把字打錯了。」一個精幹的小夥子站了起來，說道。

「太馬虎了，下次注意。」董事長揮揮手，接著念了下去。

沒多久，那個小夥子被提升為公關部經理，叫黃煒的那個員工則被解雇了。

表面看來，這個董事長沒有什麼水準，那個小夥子在拍馬屁。實則每個人都有自己的知識欠缺，犯錯誤出洋相難以避免。作為下屬，有什麼必要當眾糾正呢？如果這個叫黃煒的員工當時應答，事後再巧妙地糾正就不會傷害董事長的面子。

柏拉圖曾經告訴人們這樣一個方法：「當你在教導他人時，不要使他發現自己在被教導。指出人們所不知的事情時，要使他感到那只是提醒他一時忽略了的事情。你不可能教會他所有的東西，而只能告訴他怎麼處理這種事情。」英國十九世紀的著名政治家查斯特費爾德對他的兒子這樣說：「如果可能，你應該比別人聰明，但絕不能對別人說你更加聰明。」

當然，如果一個人說了一句你認為肯定錯誤的話，而且指出來對你們的交流會有好處的話，你當然可以指出來。但是，你應該這麼說：「噢，原來是這樣的。不過我還有另外一種想法，當然，我可能不對——我總是出錯。如果我錯了，請你務必毫不客氣地指出來。讓我們看看問題所在。」他人有錯時，不要當眾糾正。如果錯誤不明顯不關大局，其他人也沒發覺，不妨「裝聾作啞」，等事後再予以彌補。

無論做什麼事情，遇見別人出錯的時候，作為旁觀者都要明白顧人情面，然後自圓其說想辦法補救。這樣做既顯得通達人情，又能讓人看到你的靈活應變，一舉兩得。

善於周旋，總能化干戈為玉帛

一個真正的應酬高手，不僅能夠識人、認人、通曉人際關係理論，而且能活用這些知識，在日常生活中與人周旋，和睦相處。反之，拙於應酬，不善周旋的人，總是會遭遇尷尬。

生活中有很多應酬。談生意需要應酬，相親需要應酬，跟上司交往也需要應酬，也許有些人嫌煩了，等到跟自己的親人、朋友在一起的時候，便完全放下了心，覺得既然已經是親戚、老熟人了，那還應酬個什麼呀？大家都敞開心扉，該說什麼就說什麼，該幹麼就幹麼，不用來那麼多俗套。這樣的想法其實也是大錯特錯了。朋友關係和親屬關係也是需要你去精心維護的，誰說跟朋友吃飯、聊天、打球、逛街不是應酬呢？誰說跟親戚一起過年，過節不是應酬呢？有些人就是因為與熟人相處時很隨意，連得罪了朋友都不知道。

李小姐年輕漂亮，在姑姑、阿姨的操心下，開始和男士約會。第一位男士是在政府部門工作的公務員，因為不是週末，第一次約會李小姐選在離公司比較近的餐廳。點菜的時候，男士把菜單放在了李小姐面前，讓她點自己喜歡吃的菜，李小姐照做了。席間，他們談得很愉快，買單的時候，價格似乎高了些。但男士很爽快地把單買了，然後問了聯繫方式。

第二次約會是週末下午，在茶坊坐下後，不知不覺又到了晚飯的時間，李小姐心裡想著要回請他，就提議一起吃晚飯。菜還是李小姐點，可是結帳時，李小姐還沒來得及開口，那位男士掏出皮夾把帳結了。李小姐當時還想，和他爭著買，說不定會傷他的自尊，等以後熟了，再來買單。沒想到的是，她卻再也沒有這樣的機會了。因為兩天後，男方的介紹人轉彎抹角地說了一大堆他不適合她的理由。最後，她聽出來了，是男方看她太會花錢，太不體諒男士。

有了第一次教訓，當李小姐遇到第二個合眼緣的男士時，不管去哪裡，去幹什麼，每次她都搶著買單，有時雙方幾乎到了爭執的地步。她想這樣做，別人就不會說我了吧。可是人家又不高興了，在交往了一個多月後，她收到了男士發的電子郵件，在信中說：「我知道，我的收入沒有你高，但妳也不用這樣不給我面子，我覺得妳個性太主觀，和妳在一起有壓力。」

李小姐應酬的差錯出在沒摸清對方的意思，還錯誤地將舊的經驗應用到不同的人身上。應酬是人與人的交流，如果你沒有摸清對方真正的意圖，再多的表面工夫也是白費的。只有對症下藥，用正確的方法對待正確的人，才能避免在交往中以尷尬收場。

在生活中，我們常常遇到一些性格內向、不善言辭的人，在與人應酬時，不知如何是好，不知道該說什麼，不知道該做什麼。所以，每次應酬都像是在受罪，因而對應酬也避之猶恐不及。但是人生在世，免不了要遇到不同的應酬，不善於應酬的人要想在事業或是生活上獲得成功，是非常困難的。所以，適當地學習一些應酬之道，對我們的生活及事業都是有百利而無一害的。

會應酬得會周旋，這樣才能不至於把自己陷入尷尬的境地。在與人交際的過程中才能照顧他人的面子，巧妙化解他人之間的不愉快，讓我們成為一個應酬的高手。

因勢利導，錯中求勝緩解危局

人力不能改變的時候，不如面對現實，隨遇而安。我們與其怨天尤人，徒增苦惱，不如因勢利導，從容地適應環境，在既有的條件下，盡自己的才能和智慧發掘樂趣。

俗話說：「不如意之事十有八九。」我們一生中不可能永遠都是風平浪靜，一帆風順的。環境和遭遇常有不盡如人意的時候，問題在於怎樣面對逆境和不順。有時候因勢利導，或許就能緩解危局。歷史中就不乏其例，而且有趣的是，這種「文過飾非」非但不被視為「惡德」，反倒還是善於審時度勢，權宜機變的才華顯現。

有一次，張作霖出席名流雅席。席間，有幾個日本浪人突然聲稱，久聞張大帥文武雙全，請即席賞幅字畫。張明知這是故意刁難，但在大庭廣眾之下，盛情難卻，就滿口應允，吩咐筆墨侍候。只見他瀟灑地踱到桌前，在鋪好的宣紙上大筆一揮寫了個「虛」字，然後得意地落款：「張作霖手黑」。鈐上朱印，躊躇滿志地擲筆而起。那幾個日本浪人，丈二和尚摸了「手黑」？老闆連忙貼近張作霖耳邊低語：「您寫的『墨』下面少了個『土』，『手墨』變成了這是日本人要的東西，這叫寸土不讓。」話音剛落，滿座喝彩，那幾個日本浪人這才悟出味來，越想越沒趣，只好悻悻退場了。

張作霖關於「如果當眾更正，豈不大煞風景」的暗忖，快速權衡之後做出判斷。情況是明擺著的：日本浪人是故意刁難，等看笑話，如果承認錯誤，便正中了居心不良者的下懷，這等丟自己臉面，滅國人威風，長他人志氣的後果當然無法接受。於是，將錯就錯就成了順理成章的選擇。

理由是因勢利導、將錯就錯的關鍵。因為只有提供相應的理由，使別人也認同你的錯誤並非錯誤才行，否則，僅屬死不認錯，其結果不僅於事無補，反會給人一種粗野無知的印象。辯證法告訴我們，一切事物均以時間、地點、條件而轉移。

某件事情在這個範圍內，按通常標準衡量，確是錯的，但若改變其背景，或換一種眼光去看，就有可能是正確的了。而尋找理由就需要一種機智的思維。

某次婚宴上，來賓濟濟，爭向新人祝福。一位先生激動地說道：「走過了戀愛的季節，就步入了婚姻的漫漫旅途，感情的世界時常需要潤滑。你們現在就好比是一對舊機器……」

其實，他本想說「新機器」，卻脫口說成舊機器，令舉座譁然。這對新人的不滿更是溢於言表，因為他們都各自離異過，自然以為剛才之語隱含譏諷。

那位先生的本意是要將這對新人比作「新機器」，希望他們能少些摩擦，多些諒解。但話既出口，若再改正過來，反為不好。他馬上鎮定下來，略加思索，不慌不忙地補充一句：「已過磨合期。」

此言一出，舉座稱妙。這位先生繼而又深情地說道：「新郎新娘，祝願你們永遠沐浴在愛的春風裡。」

大廳內掌聲雷動，這對新人早已笑若桃花。

這位來賓的將錯就錯令人叫絕，也為自己圓了場。錯話出口，索性從錯處續接下去，反倒巧妙地改換了語境，使原本尷尬的失語化作了深情的祝福，同時又道出了新人情感歷程的曲折與相知的深厚，頗有些點石成金之妙。

在社交場合，說錯了話，做錯了事，無疑應當老老實實承認，認認真真改正。但在某些特定的場合，如照此辦理會使自己陷入極為難堪的境地或者造成無法彌補的損失時，則不妨考慮一下，能否來個將錯就錯，出奇制勝，因而擺脫窘境。

詼諧地對待他人的錯，也讓自己過得去

大度詼諧更多時候比橫眉冷對更有助於問題的解決，對他人的小過以詼諧的方法對待，實際上就是一種糊塗處世的態度。

在交際中，我們在爭取擁有的同時，也要懂得適時糊塗，適當地包容。有時候看似糊塗的做法，詼諧對待他人的錯，不僅是讓別人過得去，更是在讓自己過得去。

五〇年代，臺灣的許多商人知道于右任是著名的書法家，於是他們紛紛在自己的公司、店鋪、飯店門口掛起了署名于右任的招牌，以示招徠。其中確為于右任所題的極少，半真半假的居多，完全假的也時有所見。

一天，于右任的一個學生急匆匆地來見老師，說：「老師，我今天中午去一

家平時常去的餐館吃飯，想不到他們居然也掛起了以您的名義題寫的招牌。青天白日，明目張膽地欺世盜名，您老說可氣不可氣！」正在練習書法的于右任「哦」了一聲，放下毛筆然後緩緩地問：「他們這塊招牌上的字寫得好不好？」

「好個什麼喲！」學生叫苦道，「也不知道他們在哪兒找了個書生寫的，字寫得歪歪斜斜，難看死了。下面還簽上老師您的大名，連我看著都覺得害臊！」

「這可不行！」于右任沉思道。

「我去把那幅字摘下來！」學生說完，轉身要走，但被于右任喊住了。

「慢著，你等等。」

于右任順手從書案旁拿過一張宣紙，拎起毛筆刷刷刷在紙上寫下些什麼，然後交給恭候在一旁的學生，說：「你去把這幅字交給店老闆。」

學生接過宣紙一看，不由得呆住了。只見紙上寫著筆墨流暢、龍飛鳳舞的幾個大字，「羊肉泡饃館」，落款處則是「于右任題」幾個小字，並蓋了一方私章。整個書法，可稱漂亮之至。

「老師，您這……」此學生大惑不解。

「哈哈。」于右任撫著長髯笑道，「你剛才不是說，那塊假招牌的字實在是慘不忍睹嗎？我不能砸了自己的招牌，壞了自己的名聲！所以，幫忙幫到底，還是麻煩你跑一趟，把那塊假的給換下來，如何？」

「啊，我明白了，學生遵命。」轉怒為喜的學生拿著于右任的題字匆匆去了。這樣，這家羊肉泡饃館的店主竟以一塊假招牌換來了大書法家于右任的真墨寶，喜出望外之餘，未免有慚愧之意。

面對矛盾，一般最直接的做法就是用強去爭，爭來爭去，互不相讓，結果就不那麼妙了。

實際上，在聰明人看來，低頭不單是緩和矛盾，也能化解矛盾，強爭只有在極端的情況下才能解決矛盾，而在多數情況下只能是激化矛盾。

嚴厲對待別人的錯誤可能也會有它存在的獨特的作用。但是，站在對方的角度，他們覺得一種幽默的批評，往往更能讓他們心服口服。

德國著名演講家海茵茲．雷曼麥曾經說過：「用幽默的方式說出嚴肅的真理，比直截了當地提出更能為人接受。」實踐證明，一種詼諧的批評表現出了含蓄和寬容的原則。在很多事情上，糊塗一點，包容一些，不但自己過得去，別人也會過得去，產生矛盾的基礎不復存在，矛盾自然就化解了。彼此能夠相安，豈不更好？

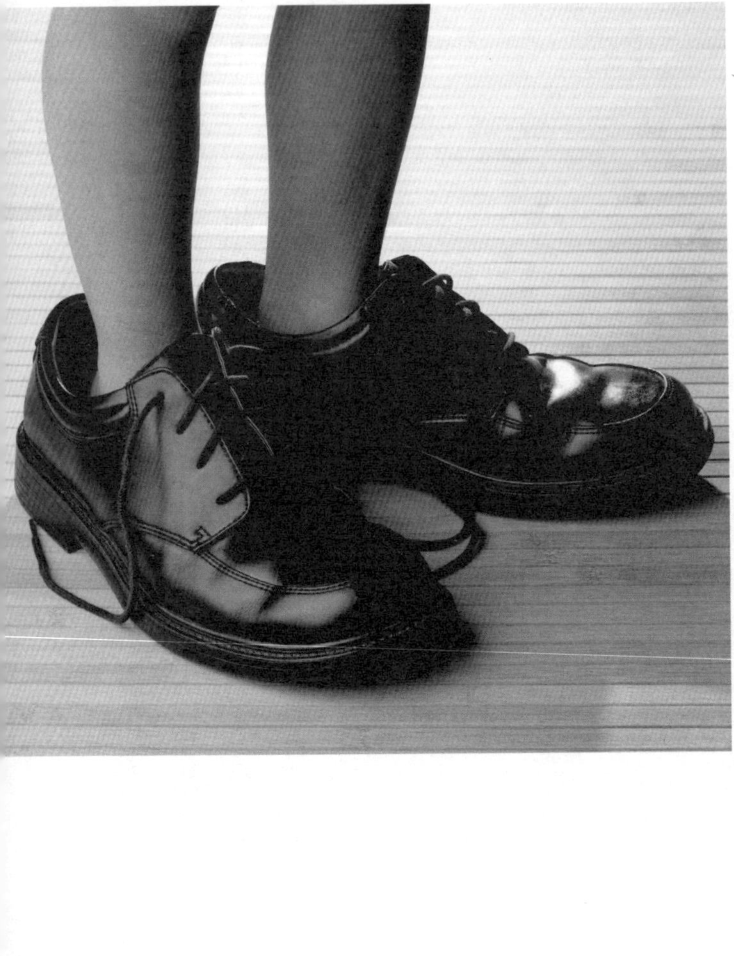

只能裝傻，不能真傻：

長大後應該要學會的事情

Things to know after you've grown up

第三章

別做他人眼裡的「釘子」

人們總認為自己是完美無瑕的，
缺點都在他人身上。
在總結經驗時總重申自己的強勢所在，
即便吃了敗仗也把錯誤一股腦的推給別人
——「我沒犯一點錯」。
為了彰顯自己優點而不惜彼此中傷，
但是在中傷中，
也就失去了變得更加優秀的好機會。

彼此中傷，只會失去變優秀的機會

人們總認為自己是完美無瑕的，缺點都在他人身上。在總結經驗時總重申自己的強勢所在，即便吃了敗仗也把錯誤一股腦的推給別人——「我沒犯一點錯」。為了彰顯自己優點而不惜彼此中傷，但是在中傷中，也就失去了變得更加優秀的好機會。

塔西佗說，對於惡意中傷，如果不予理睬，它們很快就會被人遺忘；可是要是表示不快，就似乎是把它們當作事實承認了。人們都不願揭露自己的不足，但彼此的中傷會失去一些使你更加優秀的好機會。

有這樣一則寓言：

有一天，神王朱庇特說：「所有動物聽旨，如果誰對自己的相貌體形有意見，今天可以提出來，我將想辦法給予修正。」

神王先問猴子：「猴子，你先說，你與牠們比，覺得誰最美，你滿意你的形象嗎？」

猴子回答說：「我的四肢完美，相貌至今也無可挑剔，對此我十分滿意。比較而言，我的熊老弟長相就粗笨了些。」

這時，熊蹣跚地走上前來，大夥以為它會承認自己相貌不揚，誰知它卻吹噓自己外表威武，同時又去評論大象，說大象尾巴太短，耳朵又太大，身體蠢笨得簡直沒有美感可言。

老實的大象聽了這番話，言辭懇切地回答說：「以我的審美觀來看，海中的鯨要比我肥胖多了，而我覺得螞蟻太小……」

這時，細小的螞蟻搶著說：「微生物是那麼的小，和牠們比，我像是一頭巨象。」

這些動物互相指責，沒有一個肯承認自己有不足之處，神王朱庇特只好揮手讓牠們退下。

正像這些動物一樣，我們人類在這一點上表現得更加突出，看別人的表現，雞蛋裡能挑出骨頭；看自己則是再醜也是自己的孩子好。我們容忍自己卻不會寬容別人，就像戴上了一副變色鏡。好比萬能的造物主給我們每人做了個裝東西的褡褳，古往今來，人們總是習慣把自己的缺點藏在褡褳後面的口袋裡，而把前面的口袋留著裝別人的缺點。

誰都經歷過爭吵，誰與誰都有可能會產生摩擦。不管是曾經的同學，又或是現在交往的朋友，抑或是家人。這也是誰都無可避免，誰也無法保證之事。有時，就是我們的父母，也會因為對情況的不瞭解，而錯怪我們；我們也常常會因此而跟父母吵嘴、嘔氣；夫妻也是。但，更多的時候，這樣做不但對事情的解決毫無幫助，更會加深、加重彼此的衝突。反而是用一顆平靜的心去對待批評，待雙方冷靜後，再細思量，這才是解決事情根本的最好方法。

同樣的，當我們面對別人的中傷和誹謗時，如果急著前去評理，不但對中傷和誹謗你的人毫無效應，只會產生更多的爭執，令那些誹謗你的人更加猖狂。嚴重時，還有可能會打擾到自己的內心，使我們原本平靜的心開始不平；使原本寬容的心產生記恨，最終也難逃於流入小人之行列，與他們為伍。如果一個人沒有寬容之心，甚至會嚴重到，他一生的生命都會被仇恨和報復支配。面對這些中傷、誹謗，有些人會採取不解釋，不爭辯，更不會心存報復，而是若無其事地一笑了之。這種人，就是所謂的寬容，是博愛，也是睿智，更是智慧的人。

羅斯福總統夫人少女時期曾經非常害羞，害怕人們的閒言碎語，恐懼別人的批評。有一天，她去請教羅斯福總統的姐姐，她問道：「我想做一些事，可是又怕被人中傷。」

羅斯福總統的姐姐看著羅斯福夫人說：「只要相信自己做得對，就不要在意別人怎麼說。」羅斯福夫人把這句話當作她在白宮歲月中的支柱。她說：「做你認為正確的事——因為你反正會受到批評的。你會因為做了某些事被罵，也會因為什麼都不做而被罵。結果都是一樣的。」這就是她的忠告。

每個人，對於每件事，都會有不同的看法與論點。而，這些人之中也包括小人；當我們面臨那種小人之時，必然是免不了遭到一翻中傷而不是辯論。雖然你是處處於人為善，卻不可能處處能收穫善。所以，對於那些一時所起的中傷與誹謗；對於那些心存惡念，甚至是不明真相，卻又在你處咬牙切齒的人，便無須去斤斤計較。安安心心、踏踏實實地做自己該做的事，做好自己，睿智地活著。

人，不可以控制別人，不能阻止別人的惡意中傷與誹謗，卻可以制止自己。我們不可以控制別人的情緒；但是，我們可以控制自己的情緒，調整自己的心態。我們起碼可以做到，不必對中傷和誹謗太注重，太當一回事。我們可以忍他、讓他、避他、由他，不理他！用寬容的心態，用我們的睿智來對待那些誹謗、中傷我們的人！

嫉妒如毒，毀人害己

嫉妒是痛苦的製造者，在各種心理問題中，嫉妒也是對人傷害最嚴重的一種性格缺點，可以稱得上是心靈上的惡性腫瘤。如果一個人缺乏正確的競爭心理，只關心別人的成績，同時內心產生嚴重的怨恨，嫉妒他人，時間一久，心中的壓抑聚集，就會形成問題心理。

為人處世，最忌「螃蟹心理」。

什麼是「螃蟹心理」呢？漁民們抓螃蟹，先把筐子的一面打開，開口對著螃蟹，讓牠們爬進來，當筐子裝滿螃蟹後，再將開口關上。筐子有底，但是沒有蓋子。本來螃蟹可以很容易地從筐子裡爬出來跑掉，但是，每一隻螃蟹都不願同類跑在自己前面，當一隻螃蟹開始往上爬的時候，另一隻螃蟹就把牠擠下來，最終牠們都成了餐桌上的美味佳餚。
人一旦心生嫉妒，就好像那些螃蟹一樣，寧可自己吃虧，也要把別人拉下來，損人不利己。嫉妒的人以消極的人生觀為基礎，他們信奉你好我就不好的信條，一旦發現別人比自己做得更好、別人比自己擁有更多，心裡就憤憤不平。
嫉妒是心靈的地獄。嫉妒的人總是拿別人的優點來折磨自己。別人身材好他嫉妒，別人風度瀟灑他嫉妒，別人有才學他嫉妒，別人富有他嫉妒，別人的妻子漂亮他嫉妒，別人學歷高他嫉妒……德國有一句諺語：「好嫉妒的人會因為鄰居的身體發福而越發憔悴。」所以，好嫉妒的人總是四十歲的臉上就寫滿五十歲的滄桑。因此，我們不妨利用嫉妒心理的正面作用，激勵自己不斷向上奮進。
麥克喬丹是聞名世界的籃球明星，他在籃球場上的高超技藝舉世公認，而他為人處世方面的品格更為人稱道。皮朋是公牛隊最有希望超越喬丹的新秀，但喬丹沒有把隊友當作自己最危險的對手而嫉妒，反而處處加以讚揚、鼓勵。
為了使芝加哥公牛隊連續奪取冠軍，喬丹意識到必須推倒「喬丹偶像」，以證明公牛隊不等於「喬丹隊」，一人絕對勝不了五個人。一次，喬丹問皮朋：「我們倆三分球誰投得好？」「你！」「不，是你！」喬丹十分肯定地說。喬丹投三分球的成功率是百分之二十八點六，而皮朋是百分之二十六點四，但喬丹對別人解釋說：「皮朋投三分球動作規範。在這方面他很有天賦，以後還會更好，而我投三分球還有許多弱點！」喬丹還告訴皮朋，自己扣籃時多用右手，或習慣用左手幫一下，而皮朋雙手都行，用左手更好一些，這一細節連皮朋自己都沒有注意到。喬丹把比他小三歲的皮朋視為親兄弟，「每回看他打得好，我就特別高興，反之則很難受」，喬丹的話語中流露出真誠之意。

正是喬丹這種無私的精神，使全體隊員充滿了自信並增強了團隊凝聚力，公牛隊取得了一場又一場勝利。一九九一年六月，在美國職業籃球聯賽的決戰中，皮朋獨得三十三分，超越喬丹三分，成為公牛隊這個時期的十七場比賽得分首次超過喬丹的球員。這是皮朋的勝利，也是喬丹的勝利，更是公牛隊的勝利。

嫉妒往往是個人才能與意志缺乏的表現，伏爾泰說：「凡缺乏才能和意志的人，最易產生嫉妒。」因為自己技不如人，就只能用嫉妒的心理去排解心中的不平。一旦任由嫉妒心理自由發展，你就會疏遠那些各方面比自己強的人，到頭來不僅孤立了自己，而且也會阻礙自己的發展。

嫉妒心人人都有，它是一種很正常的情感，也是擁有健康心態的證明。看見自己很想做的事，別人可以輕易就完成，因而出現嫉妒的心理，這純屬正常且不至於給別人造成困擾。只是，如果你一味地嫉妒，讓人生充斥著不滿的情緒，就無法享受快樂的生活。

英國作家薩克雷說：「一個人妒火中燒的時候，事實上就是個瘋子，不能把他的一舉一動當真。」既然嫉妒如毒素，就要轉移它，不讓嫉妒之火成為心中的繩索。你要明白，嫉妒實質上是在不知不覺中毀滅了你自己。一滴水成不了海洋，一棵樹成不了森林。任何事業的成功都少不了合作，而嫉妒會拆散所有的合作者。

著名的華爾街投資大師巴魯克說：「不要妒忌。最好的辦法是假定別人能做的事情，自己也能做，甚至做得更好。」要想超越別人，首先就得超越自身。人之形形色色，事之千變萬化。在現實生活中，常常遇到不如意的事，如不能處之泰然，就很容易引起心理上的不平衡，並進一步導致身體上和精神上的疾病。為了保持心理上的平衡，必須學會自己欣賞自己，對他人期望不要過高，以免對方達不到自己的要求，而感到失望。要及時疏導自己的憤怒情緒。在小的地方無須過分堅持，必要時應做出適當的讓步。暫時迴避，等情緒穩定後再重新面對。不要處處與人競爭，對人多存善意，心境自然會變得平衡。

因為嫉妒，造成了很多無法挽回的慘劇。

有這樣一件真實的故事：

二〇〇三年一月二十一日那個凌晨，正在香甜的夢中熟睡的八名女生，突然被一聲撕心裂肺的慘叫聲驚醒。慘叫聲是從門邊下鋪的張靜那裡發出的。張靜不停地喊痛，漂亮的臉部變成一片黑色，而且正在發泡，越來越恐怖。大家嚇呆了：有人故意用硫酸作惡毀容！

醫院裡，大家痛心地看到，張靜那張被硫酸燒灼的面孔令人慘不忍睹。和張靜同床的晶晶，左手也被硫酸燒傷，幸運的是，她的傷只是輕微傷。

此案發生後，女生宿舍一片惶恐，因為遭硫酸襲擊的床位，其實是晶晶的床位。校方趕緊向公安機關報案。河區公安分局成立專案組進駐學校。三天後，一個女生提供了一條線索。

辦案人員立即訊問與晶晶同班的女生馬娟。馬娟坦白說：一月二十日中午，她花了八元，購買了一大瓶硫酸拿回學校。她要找機會將硫酸潑到晶晶耳朵上，讓晶晶嘗一嘗她的厲害。

當晚，馬娟早早睡下。凌晨兩時時，她端起裝有硫酸的白瓷杯，徑直走到四〇九室。四〇九室的門湊巧沒鎖，她輕輕一推，門開了。當馬娟走到晶晶的面前時，該寢室裡一位女生正好說起夢話。馬娟嚇了一跳，以為有人看見她了。知道晶晶和張靜同睡一床的她心慌意亂，將硫酸往床上一個人的臉上一潑，轉身就逃。身後，傳來張靜痛苦的慘叫，她一聽，就知道潑錯人了。

馬娟說：「因為晶晶比較聰明，成績比我好，一月二十日又要考試了，我的壓力比較大，決定想辦法耽誤一下晶晶的學習時間，以免和她的學習成績相差太遠。考慮再三，我選定了潑硫酸這個辦法。」

法院審理後認為：被告人馬娟因嫉妒他人，採用潑硫酸的手段，致一人重傷且造成嚴重殘疾，一人輕微傷。犯罪手段極其殘忍，後果特別嚴重，其行為已構成故意傷害罪。

是什麼讓馬娟鋌而走險，用眾人皆知的腐蝕性很強的硫酸毀掉了同學如花的臉龐？是嫉妒！如此看來，嫉妒比毒瘤還要可怕。

嫉妒是綠眼妖魔，誰做了它的俘虜，誰就要受到它的愚弄。嫉妒作為人類的弱點，幾乎人人都有，只是多與少的不同。這是人性中殘存的動物性的一面。據研究者說，許多動物都有嫉妒的本性，比如一隻狼會把比牠多搶了獵物的同類咬死。一個雜技團馴獸員曾說，一隻叫「麗娘」的小狗看到馴獸員接觸一隻叫「艾瑪」的小狗較多時，牠竟然嫉妒地把「艾瑪」咬死了。儘管我們早已進化成人，但這個「動物性」卻似乎與生俱來。當我們還是孩子時，就會對父母表現出的對其他兄弟姐妹的偏心而心生不快，我們會因他們比自己多吃了一口蛋糕或新穿了一件衣服而生氣甚至哭鬧。雖然嫉妒是人普遍存在的也可以說是天生的缺點，但我們絕不可因此而忽視它的危害性，特別是當嫉妒已經發展到很嚴重的地步時，內心產生的怨恨越積越多，時間久了會形成心理問題，對健康造成極大的傷害。

從本質上說，嫉妒是看到與自己有相同目標和志向的人取得成就而產生的一種非正當的不適感。它是由於羨慕一種較高水準的生活，或者是想得到一種較高的地位，或者是想獲得一種較貴重的東西，但自己又未能得到，而身邊的人或站在同等位置的人先得到了而產生的一種缺陷心理。

既然已知自己的弱處，既然看到自己與別人的差距，自強的人就該知恥而後勇，更應注意點滴的累積，而不是看著別人的優勢眼紅。

「箭欲長而不在於折他人之箭」，「人外有人，天外有天」自己比別人差，卻不甘心，想要比別人強，不是去毀滅、扼殺別人，關鍵是提高自身的價值與素養。「別人能做到，我為什麼不能做到？」只有具備這樣的想法，才能迎頭趕上，進而後來居上。

報復是把雙刃劍

要想生活中永遠擁有安靜和歡樂的心理，就永遠不要去嘗試報復我們的仇人，因為如果我們那樣做，受到更深傷害的只有自己。不要浪費時間去做那些毫無意義的報復，不要讓自己的心因為報復更加痛苦。

報復是把雙刃劍，傷人又傷己。如果心中藏有仇恨，與其時時刻刻想著報復，不若早些化解。因為仇恨的情緒，你越侵犯它，它越會膨脹，與你敵對到底。

古希臘神話中有一位大英雄叫海格力斯。

一天，他走在坎坷不平的山路上，發現腳邊有個袋子似的東西很礙腳，海格力斯踩了那東西一腳，誰知那東西不但沒被踩破，反而膨脹起來，加倍地擴大著。海格力斯惱羞成怒，拿起一根碗口粗的木棒砸它，那東西竟然長大到把路堵死了。

正在這時，山中走出一位聖人，對海格力斯說：「朋友，快別動它，忘了它，離開它遠去吧！它叫仇恨袋，你不侵犯它，它便小如當初；你若侵犯它，它就會膨脹起來，擋住你的路，與你敵對到底！」

仇恨是人性中的劣根，它隱藏在人性的深處，一旦觸及便會迅速地膨脹，控制人的思想。根除它的關鍵是不要記仇，忘記它，如果不能則最好遠離它。每個人心中都或多或少地藏有仇恨的火種，而我們所能做的，就是用人性美好的甘泉去澆滅那些忽閃忽隱的火星，切不能助長仇恨的地獄之火肆虐，並將自己無情焚毀。

而用寬廣的胸懷去包容曾經傷害過自己的人，能夠不計前嫌，給他以幫助與關懷，才是為人之大德。

從前有一個富翁，他有三個兒子，在他年事已高的時候，富翁決定把自己的財產全部留給三個兒子中的一個。可是，到底要把財產留給哪一個兒子呢？富翁想出了一個辦法：他要三個兒子都花一年時間去遊歷世界，回來後看誰做了最高尚的事情，誰就是財產的繼承者。

一年時間很快就過去了，三個兒子陸續回到家中，富翁要三個人都講一講自己的經歷。大兒子得意地說：「我在遊歷世界的時候，遇到了一個陌生人，他十分信任我，把一袋金幣交給我保管，可是那個人卻意外去世了，我就把那袋金幣原封不動地交還給了他的家人。」二兒子自信地說：「當我旅行到一個貧窮落後的村落時，看到一個可憐的小乞丐不幸掉到湖裡了，我立即跳下馬，從河裡把他救了起來，並留給他一筆錢。」

三兒子猶豫地說：「我，我沒有遇到兩個哥哥碰到的那種事，在我旅行的時候遇到了一個人，他很想得到我的錢袋，一路上千方百計地害我，我差點死在他手上。可是有一天我經過懸崖邊，看到那個人正在懸崖邊的一棵樹下睡覺，當時我只要抬一抬腳就可以輕鬆地把他踢到懸崖下，但我想了想，覺得不能這麼做，正打算走，又擔心他一翻身掉下懸崖，就叫醒了他，然後繼續趕路了。這實在算不了什麼有意義的經歷。」富翁聽完三個兒子的話，點了點頭說道：「誠實、見義勇為是一個人應有的品質，稱不上是高尚。有機會報仇卻放棄，反而幫助自己的仇人脫離危險的寬容之心才是最高尚的。我的全部財產都是老三的了。」

寬容是一筆巨額的財富，是至善人性達到的一種境界，是人性之花歷經滄桑後依然盛開的那份通透與恬然。

少用仇視的態度對待對方，不要總是想著去報復傷害過自己的人，能夠緩和你與對手的關係，因而建立互相尊重的友誼。能夠與你成為對手的人，必定有著與你能夠分庭抗禮的能力和實力，你能原諒你的仇人，將你的仇人招至麾下，為你效力，不是更利於實現你自己的目標嗎？

可是，如果你用報復和仇視對待對手，你會導致一個什麼樣的局面呢？你將使你的敵手更堅定地站在你的對立面，去阻撓、破壞你的行動，破壞你創造的一切成果。而你，也會因為心中充斥報復的憤怒無暇他顧，你的理想和目標又如何能實現呢？

總是想著報復別人，活在仇恨裡的人是愚蠢的。你在憎恨別人時，心裡總是憤憤不平，希望別人遭到不幸、懲罰，卻又往往不能如願，失望、莫名的煩躁後，你便失去了往日那輕鬆的心境和歡快的情緒，因而心理失衡；另一方面，在報復別人時，由於疏遠別人，只看到別人的短處，在言語上貶低別

人、在行動上敵視別人，結果使人際關係越來越僵，以致樹敵為仇。寬容地幫助曾經傷害過你的人才不失為人生大智慧，以德化怨，春風化雨，是成熟人性臻至化境的象徵，寬容的人生收穫的必是滿城桃李。

停止你的刻薄

言語刻薄是一把雙刃劍，即重傷別人，也傷及自己。在人際交往中，我們一定要忌用刻薄的語言，否則只能適得其反。

生活中，常常有人情不自禁說刻薄的話，「待人處世挑剔、無情」，特別是言語上，總帶鋸齒。尖酸刻薄型的人，是在任何交際圈裡都不受歡迎的人。他的特點是和別人爭執時往往挖人隱私不留餘地，同時冷嘲熱諷無所不至，令對方自尊心受損，顏面盡失。

這種人平常以取笑、挖苦別人為樂。你被老闆批評了，他會說：「這是老天有眼，罪有應得。」你和老公吵架了，他會說：「一個巴掌拍不響，兩個都不是好東西。」你糾正了別人一個錯誤，被他知道了，他也會說：「有人惡霸，有人天生賤骨頭，這是什麼世界？」

尖酸刻薄型的人，天生得理不饒人，尖牙利嘴。由於他的「言語犀利」，因此基本沒有什麼朋友。他之所以能夠生存，是因為別人懶得理他。但如果有一天別人忍無可忍之時，他的下場也好不到哪裡去。

老劉五十多歲了，此人是公司裡一位人見人厭的人物。閒暇之時，他總愛和同事們找碴爭執，一旦他纏上了誰，就極盡取笑、挖苦嘲諷之能事，使人臉上無光、自尊心受損。

同事小宋是位新進公司不久的年輕人，工作經驗不足，一次和客戶聯繫業務時發生口角，結果被公司經理狠狠批評了一頓。老劉得知後陰陽怪氣地說：「你這小夥子，那麼點小事都處理不好。難怪老闆收拾你，你還太嫩呀！」

幾句話氣得小宋臉色都變了，沒等到他反駁，老劉接著轉身對其他同事說：「大夥不知道吧，小宋搞對象倒挺有本事，昨天我還看見他摟著女孩逛大街、非常瀟灑呢。」

接著他站起來，倒了一杯水說道：「太嫩了，還是太嫩了。」

別人挨了批評，老劉不僅幸災樂禍了，還用刻薄的語言取笑小宋，小宋怎麼會和他建立良好的同事關係呢。

語言的傷害力我們不可小視，隨口說的一句話可能給人以巨大的創傷，或者使人痛苦不堪。語言不是槍或刀等利器，但殘忍的言語比利器還要厲害，它會抹殺人的精神，給人留下無法磨滅的心靈創傷。肉體的傷害容易癒合，但精神的創傷卻難以撫平。

語言是引起風波的罪魁禍首，如果別人不能容忍你的話。短短的一句話，能使你的職場步履維艱能使姻緣斷絕，能使友情破裂。語言的威力可謂驚人，如若語言含有毒物，它可以毀滅人生，如若語言含有芳香，它可以愉悅生命。

不要取笑或言語傷人，說者無心，聽者未必無意。和氣之道、避禍之道表現為是言語的和氣。以和氣的言語、富有愛心的言語對待他人，自己也會有美好的人生。智者的過人之處就是能用很少的話語，使人明白很多的事情；愚者則相反，他們的本事是滔滔不絕地說廢話，甚至用最犀利的語言獲得快感。仔細想想，真的沒必要這樣。

償失。

刻薄，雖然逞了一時的口舌之快，卻於暗中得罪了人而不自知，真有些得不償失。

沒有包容、欣賞的心，這樣的心，其實是不開心。刻薄如蘋果發臭，是因為裡面爛了。浮躁、脆弱、狹隘、偏激，然後就刻薄。所謂「宅心仁厚」，可貴，更是高貴，有大家風範。多一點寬容，少一點狹隘，和顏悅色地談天論地，心平氣和地做人做事，關乎社會和諧，更關乎一個人的幸福。因此，現在停止你的刻薄，在和氣的言語中，廣交各路朋友吧。

給吹毛求疵的心貼上封條

無論你是否對你的人際關係或生活的某些方面吹毛求疵，還是兩者都有，你所需要去做的只是將「吹毛求疵」作為一個壞習慣而註銷掉。如果這個習慣偷偷侵入你的思想，你就要把握住自己並封上你的嘴，你越不常去挑剔你的夥伴或朋友，你就越能注意到他們喜歡你，你的生活就越美好。

「吹毛求疵」的意思，是你在仔細觀察尋找哪裡有需要固定和修理的地方，也就是找到生活的破損和缺陷，然後或是盡力去修補它們，或是至少向別人指出來。「吹毛求疵」的性格，使很多人過分關注自己的人際關係和生活中的缺點和不足，促使他們認為生活並不盡如人意，沒有什麼是盡善盡美的。這一癖好不但會使別人疏遠你，它也會使你感覺很糟。它鼓勵你去考慮每件事和某個人的不當之處，尤其是你不喜歡的地方。

吹毛求疵者的眼光總是非常狹隘、非常近視的。他們只顧眼下，不管將來；只計較細小的事情，沒有遠大的計畫；只貪圖分厘的利益，不計算萬千的收入。有這種性格的人，必將使自己的精神境界，局限於一個極小的範圍，逐漸變得自私、冷漠、吝嗇、苛刻，失去一切感情，失去一切友誼，最後只有煢煢孑立、形影相弔。實際上，十全十美的人在現實生活中是很難找到的，因此，我們都應該要克服這種吹毛求疵的毛病，把你的每個人都當作一位重要的人物來看待，使每個人渴望被重視的心理得到滿足

克魯斯不是個引人注目的人。他本可以悠閒自在，安安靜靜地生活，然而，他偏要一刻不停地向人「介紹」自己。當他說傑克長得太高時，同事們情不自禁地看了看克魯斯。雖然他們是「抬頭不見低頭見」的老相識，同事卻發現，克魯斯實在太矮，好像發育時期父母虧待了他。當克魯斯講湯姆的眼睛看著讓人噁心時，同事才注意了克魯斯的眼睛，並拿他的眼睛和湯姆的眼睛作了對比。這才吃驚地發現，相比之下，原來湯姆的眼睛是那麼清澈，那麼明亮。克魯斯總說大衛有個難看

的塌鼻子，卻沒有注意到他自己臉上的肉團也不怎麼樣。在他說歐文的牙齒是「豁牙啃西瓜」，卻忘了他自己的門牙間那條氣魄開闊的「巴拿馬運河」。他在挑剔別人的同時，別人也在相應地關注到他的缺點。

用欣賞的眼光看待同事和朋友，儘量找找他們身上的優點吧！不少人為完美而吹毛求疵，結果反而降低了自己的生活品質。由於過分注重一些毫無價值的生活細節，他們自我折磨，以至於精神萎靡，心境惡劣，疲憊不堪吹毛求疵降低了我們的生活品質。我們有時精神萎靡、心境惡劣、疲憊不堪，不正是由於過分注重一些毫無價值的小事才引起的嗎？這種性格上的弱點，除了自我折磨以外，並不會產生任何積極的結果。

對待生活中的其他事也是如此。一個健康的人，有時感到不愉快、不舒暢，容易對一些過去的事惋惜和悲傷，這都很正常。但生活態度應該是積極的，想得開，放得下，朝前看，這樣才能從瑣事的糾纏中超脫出來。假如對生活中發生的每件事，都尋根究底，去問一個為什麼，那實在既無好處，又無必要，而且破壞了生活中的情趣。

這時，你不妨放鬆自己的神經，有些雞毛蒜皮的小事，即使弄得清清楚楚，又有什麼意義呢？完全可以放下不管。至於有些並不太重要的事，基本瞭解就可以了，更不必要鑽進牛角尖，細細考證，吹毛求疵。

只有對一些小事「模糊」一些，才能真正品味到生活的樂趣，也才能有充沛的精力去處理人事，進而有所發現，有所領悟。這樣，心境也就自然日益變得舒暢起來。

人最大的缺點莫過於自己看不到自己的缺點，反而對別人吹毛求疵。如果你看什麼都不順眼，那就反省一下自己吧。你所挑剔的可能並不是真正的原因，根本原因就在你自身吹毛求疵。缺少良好的心態，如同收緊了身上鎖鏈，將自己緊緊束縛在黑暗之中。

如果挑剔能帶給我們美好的生活，那自然是美好的事情。但這是不可能的，對於已經發生的事情過分挑剔，什麼也不能挽回。

偏執讓人失去好人緣

偏激的人看問題很容易戴著有色眼鏡，以偏概全，固執己見，鑽牛角尖，對人家善意的規勸與和平商討一概不聽不理。這樣的人也會缺少朋友，人們交朋友喜歡「同聲相應，意氣相投」，都喜歡結交飽學而又謙和的人，老是以為自己比對方高明，開口就掐著脖子和人家抬槓，明明無理也要攪三分的局，誰願和他打交道？

性格和情緒上的偏激是一種心理疾病。它的產生源於知識上的極端貧乏，見識上的孤陋寡聞，社交上的自我封閉意識，思維上的主觀，等等。對此，只有對症下藥，豐富自己的知識，增長自己的閱歷，多參加有益的社交活動，同時，還要掌握正確的思想觀點和思想方法，才能有效地克服這種「一葉障目，不見泰山」的偏激心理。

王剛最近的心情一直很焦躁，原因便是在辦公室裡，大家總是有意孤立他，他覺得自己很孤單，天天獨來獨往，但他不清楚自己為什麼會被同事孤立，這個問題讓他很煩惱。

聽從心理醫生的建議做了一套是否偏執的測試題。

1、你對別人是否總有不耐煩的感覺？

2、你對朋友帶給你的麻煩是否感到很討厭？

3、你不信任他人，甚至你的親朋好友？

4、你常常會被一些怪異的想法嚇到？

5、你無法控制自己的壞脾氣，即便是在重要場合也會發洩出來？

6、你常常覺得自己的心情無法被旁人理解，自己的遭遇無法得到同情？

7、你認為自己的付出，從來沒有得到過正常準確的評價？

8、你認為任何人和你接近都是想從你這裡得到好處或者佔便宜？

沒有得一分，很輕得兩分，中等得三分，偏重得四分，嚴重得五分。結果王剛得了二十八分，說明他有嚴重的偏執症。

從他做的心理測試來看，這個人的偏執已經到了嚴重的地步，總分十分以下不存在偏執情況，是個心平氣和可愛的人。十五分至二十四分可能存在一定程度的偏執，如果總覺得環境不順心，要注意警惕。二十五分以上，有偏執的症狀，要學會控制情緒，不要「走火」。而這位病患明顯就是最後一種。

王剛似乎並不信服心理醫生的話，還希望透過話語為扳回面子。

「上個禮拜，我們公司成立了一個專案小組，我很努力地為這個專案付出，但小組的其他成員並不認可我的表現。」他困惑地說。

「你是不是不善於和他們溝通？」醫生問道。

「為什麼要溝通，我主動把工作做完，還替他們分擔，這難道不對嗎？我加班也是為了大家的專案，可不是為了我自己啊。」他說得有理有據。

「但你不問大家是不是需要你的付出。」

「當然需要了，每個人都想少工作，我何必要多此一問呢。」他斬釘截鐵地說。

「要想不做辦公室裡的討厭鬼，就要放棄你偏執的個性，不然，你是很難再辦公室裡找到好人緣的。」

偏執是不可小覷的缺陷。具有偏執性格的人，往往是高度的敏感，對別人小小的傷害和嘲諷常耿耿於懷，而且思想行為極其固執孤僻，對別人的成功常抱懷疑和猜忌的態度，總之，偏執是一種可怕的病態心理。所以我們一定要想辦法結束固執的心理，改變能改變的一切，容納不能改變的一切，擺正心態、從容生活。

個性偏執者堅持己見，缺乏變通的智慧，因而常常正邪不分，忠奸不辨。沒有見識，就不能觀其人，聽其言，察其行，因此就不能知彼知己，不能客觀、公正地判斷一切人或事，這樣勢必後患無窮。

偏執心理是一種病症，患上這種病的人，往往走極端，死不回頭，還自以為是。分明是自己做錯了，卻總覺得是別人不對；當自己不能和別人取得一致意見時，從來不反思自己的對錯，而總是去探究別人做錯了什麼。

一個人有主見，有頭腦，不隨人俯仰，不與世沉浮，這無疑是值得稱道的好品質。但是，這還要以不固執己見，不偏激執拗為前提。無論是做人還是處世，頭腦裡都應當多一點辯證觀點。死守一隅，坐井觀天，把自己的偏見當成真理至死不悟，這是做人與處世的大忌。

切忌動輒生氣，與對方冷戰

朋友或者情侶之間要多溝通，有了問題哪怕吵架，也不要悶在心頭打「冷戰」。因為吵架或許還能把事情攤開來，也是溝通感情，促進和諧的一種方式；而冷戰是於事無補的事情。

這世上，我們很難找到一個從來沒生過氣的人，卻能很容易地就找到一個為了一點小事就動輒生氣、陷入冷戰的人。然而，生氣和冷戰又有什麼用呢？無非是自己跟自己過不去，自己跟自己較勁，就好比左右手互博，贏了又怎麼樣？最後受傷的還不是自己？

李大姐從前有個很愛她的丈夫，可是現在她離婚了。他們婚姻的破裂就是由冷戰開始的。

當初談戀愛時，她的丈夫對她很好，還為她畫過像。那時他是教師，她在工廠當工人，婚後倆人的生活也是很甜蜜的。孩子出生了，由奶奶照顧。他離開了學校去了公司當上了小頭頭，她在公司也做了會計，按理說是滿不錯的生活了。

然而，他們卻因為一點小事就冷戰，男人喜歡看書不做家事，女人嫌男人什麼都不管而吵架。男人為此從不道歉，也不說好話。女人說：「油瓶子倒了，他都不去扶。」終於一次吵架時，女人剛灌好了開水瓶，對著男人就摔了過去，還好沒有燙到。男人起來收拾了散落碎片的殘局，女人氣得話都不說了，從此以後倆人進入了冷戰。

這一戰就是三年，三年裡誰也不理誰，睡覺你睡你的我睡我的，還在一張床上也不離婚。很多人問：「那你們就不說話，他也不道歉嗎？」得到的答案是：「是的，從不道歉，其實他要是說一句話也就沒事了。」

女人一直在等待著男人來道歉，可是男人沒有來道歉，女人就搬了出來。那時女人提出來離婚，男人沒有同意也沒有道歉，倆人一直是有名無實的夫妻。最終倆人還是離婚了。

親密的朋友或者情侶之間，是必不可免地會有些摩擦。當摩擦出現時就會發生爭吵，發生摩擦是避免不了的，問題是發生了摩擦後，兩個人都要冷靜，要互相理解、互相諒解，絕不能因為一點小事就冷戰。

社交相處，不是為了冷戰。所以出現問題時，一定都要先思考一下自己錯在哪裡？然後再考慮怎麼樣能達到好的目的去做才好。當出現小的摩擦，有了問題倆人就要溝通。不論是夫妻，還是朋友，絕對不能冷戰。冷戰是感情的最大敵人。

很多時候，我們為之生氣的事情，其實根本就不值得生氣。它之所以令你生氣，是因為你走入了自己思維的死胡同，換一種思路，換一個角度，你會豁然開朗。所以，當你感到自己的利益被侵害時，得不到他人的尊重時，請冷靜地想想，勿輕易動氣，與對方冷戰。冷戰人並不能解決問題，只會讓矛盾更加激化，問題更加棘手，讓自己陷入尷尬的境地。此外，也切記不要氣焰囂張，盛氣凌人，這種只有自己而沒有別人的態度也很容易得罪人，而且常不自知。

冷戰會形成一種習慣，老是壓不下怒氣，改不了個性，便會說「反正我就是這樣」，那就會條條是死路。這不能不引起你的警惕。

在別人手下做事要學會裝傻

裝傻是一門高超的處世藝術、收買人心的策略，身在職場，做人下屬更要懂得運用這一方法，如果上司在某一件小事情上做錯了，你就應該原諒他，包容他，給他留個面子。相反，如果你處處點出上司的錯誤，反而會因此而得罪人。

在工作中，經常看到有一些說傻話，問傻問題的同事受到歡迎。而自認為自己什麼都懂的，有時候反而不受歡迎。所以，不管在老闆面前，在同事面前，特別是在職位比你低的同事面前，也不妨裝裝傻，問一些你懂的問題，多向他請教請教，借此也可以跟他交流，多指導他，這會讓他覺得很高興，一舉兩得的事情，我們為什麼不做？

自古至今，聰明有才的人比比皆是。和珅是有才，所以官至文華殿大學士，家財八億兩，但卻因為機關算盡太聰明，到頭來，「百年原是夢，卅載枉勞神」，不僅八億兩入了國庫，小命也被要了去。《紅樓夢》中的鳳姐，手腕靈活，權術機變，口才出眾，大權獨攬，結果也是聰明反被聰明誤，送了性命。

裝傻是一門處世藝術，重在一個「裝」字，用「裝」來掩飾自己的才華、聲望、感情和意圖，讓人以為自己淺顯無能，忽視自己的存在。因而暗中觀察，在必要時，便可不動聲色，先發制人，收到以靜制動、以暗處明、以柔克剛、以反處正的功效。

「王總您好，昨天我交給您的檔案簽了嗎？」王總想了想，然後翻箱倒櫃，最後攤開雙手：「對不起，我從未見過你的文件。」

小張今年剛畢業，這是他的第一份工作，所以他很賣命，昨晚加班才把檔案趕了出來，並放到老總桌子上等著簽字。

聽到老闆說沒看到檔，小張解釋說：「我明明把檔案放到您桌子上了啊，而且我還留了張紙條給您呢。」

老闆一臉的不悅，沒說話就出門了，留下小張傻傻地站在那裡，不知如何是好。

與小張同來的還有一個同事小吳，有一次，小吳也碰到了這樣的情況。但小吳並沒有像小張那樣回覆老闆，只聽他說：「可能是我記錯了，我回去再找找那份文件吧。」

於是，小吳回到辦公座位上，把電腦中的檔案重新調出再次列印，當他再把檔案放到老闆面前時，老闆連看都沒看就簽了字。

其實小張、小吳的檔案都交給了老闆，但老闆不留神弄丟了，但身為老闆又不能說自己不注意，把檔案給扔了，所以才會出現上面的一幕。

同樣的問題，不同的做法，產生了不同的結果。老闆是你的上司，說不好聽一點，你得靠著他吃飯，工作中受點委屈，你不需要解釋，像小吳一樣裝裝傻，把事情攬到自己的頭上無疑是最好的做法。

作為一個普通的員工，我們也需要適時裝糊塗，如前面所說，老闆忘記把資料放到了哪裡，我們不需要為自己辯解，裝裝糊塗，就說自己記不清了，然後再重新拿一份來，不就完事大吉了嘛；有時候，同事挨了處分，面子上過不去，我們就不要去安慰，裝作不知道，反而會更好；一個問題，明明你是對的，但同事說錯了，我們不要去說破，裝裝糊塗，在同事知道了正確的答案後，心裡會比誰都清楚，無形中你們的關係也會被拉近，等等，這樣的糊塗難道我們不值得裝一裝嗎！

在現代的職場中，我們常常會看到一些為了小利而斤斤計較的人，他們總是精於算計，可是到最後沒有獲得大的利益不說，還讓周圍的人感到厭煩。其實，很多事情並不是你善於計較就能夠成為最大的受益者的，有時候握著明白裝糊塗才是最佳手段。

別把玩笑當取笑

「開玩笑」是人際交往中最常見的一種說話取樂方式，它可以活躍氣氛、調節情緒、創造一個和諧輕鬆的氛圍，並能使語言更具魅力。但是，開玩笑時，必須注意內容是否高雅，如果內容過於庸俗或者過頭，會適得其反，傷害他人的自尊和感情。所以開玩笑時，我們要注意分清場合，把握好尺度。

開玩笑是放鬆自己、改善人際關係的一劑良藥，但開玩笑也要有個分寸。熟悉的朋友之間，大家相互取樂，說話不受約束，是朋友間相處至深的表現，也是人生的一件快事。不過，凡事有利也有弊，樂極生悲，因開玩笑而使朋友不歡而散的事也常有，有的甚至因為幾句玩笑話而傷感情，斷交情。

事實上，善意的玩笑，能讓周圍人的生活變得輕鬆愉快，但一定要掌握火候，不要講玩笑變成取笑。

1、忌目的不明確，尺度不適當

打個比方來說，這恰如用槓杆原理去撬一塊石頭，目的是搬石頭，所以弄清石頭的支點在哪裡則是關鍵。幽默的目的有大有小、有遠有近，幽默的尺度，則是幽默的支點。找到這一支點，能緩解氣氛；掌握不好，將成為社交場合的破壞性炸彈。

通常人們所運用的都是嘲諷假的醜的，頌揚真善美的道德尺度。即對幽默題材對象運用正確的道德評價，不用愚昧去嘲笑科學、不用錯誤的標準去攻擊正確的事物。

2、忌拿莊嚴的事物當作幽默的對象

比如說，一個民族、國家、社會制度和人生的信仰等。

開玩笑、玩幽默，同樣應注意有禮的問題，污穢、粗俗之物不可拿來造幽默。避開這些題材，並非幽默烹調的特殊要求，而是一般社交中應注意的禮貌常識。例如一些以性題材為幽默的點子，在熟悉的人群中可以開，公共場合卻要謹而慎之。

3、面對不如自己的人少調侃，少拿別人的瘡疤做娛樂話題

開玩笑本來無所謂顧慮到對方的尊嚴。但如果使對方太難堪了，那就失去了玩笑的意義。你笑你的同學考試不及格，你笑你的親戚做生意因上了別人的當而虧了本，你笑你的同伴在走路時跌了一跤……本來這些都是應該報以同情的，而你卻拿來取笑別人，不僅使對方難以下臺，而且表現出你的殘酷無情。同樣不可拿別人生理上的缺陷來作為你開玩笑的題材，如痲子、跛腳、駝背，等等，屬於一個人的不幸，你應該是憐憫而不是取笑。不可使開玩笑成為你的談話習慣，除了開玩笑就不會說話，只能表示你的淺薄。故意拿別人的苦惱開玩笑的人，一定是一個無情的人。

4、開玩笑不可在倫理輩分上佔便宜

一些趣味低級的人往往喜歡找空隙給身邊的同事當一會兒「父親」或是「爺爺」輩之類的，這樣也會鬧得彼此都不開心。

5、注意對象

開玩笑之前，先要注意你所選擇的對象是否能受得起你的玩笑。一般人大可分為三類：第一類為狡黠聰明，第二類為敦厚誠實，第三類為介於上述兩者之間。對第一類人開玩笑，他不會讓你佔便宜的，結果是旗鼓相當，不分上下。第二類即敦厚誠實者，既無還手之功，亦無抵抗之力。這種人所見與外表的，不是道貌岸然就是無可無不可的，喜歡和大家開玩笑，你如何取笑他，他脾氣絕好，不會動氣。對於介於兩者之間的那種人，應付是最要小心。這種人大概也愛和別人說說笑笑，但一旦被別人取笑，既無立刻還擊的聰明才智，又無接納別人玩笑的度量，結果男則變為惱羞成怒，大家不歡；女則獨自躲在床上痛哭一場，說是受人欺侮。所以開玩笑前先要瞭解對方。

對方性格外向，能寬容忍耐，玩笑稍微過頭也能得到諒解。對方性格內向，喜歡琢磨言外之意，開玩笑就應慎重。對方儘管平時生性開朗，但恰好碰上不愉快或傷心事，就不能隨便與之開玩笑。相反，對方性格內向，但正好喜事臨門，此時與他開個玩笑，效果會出乎意料的好。

6、開玩笑要適可而止

普通的開玩笑，一兩句說過便罷，不能老盯著一個人。這樣絕大部分的人都是可以接收的。如果你專對一個人不停的大開玩笑，則絕大多數人是不能忍受的。大多數人對開玩笑的接受度是相當高的，但也有人很討厭別人開自己的玩笑。當然開不好的玩笑會使你掉進一個「搬起石頭砸自己的腳」的困境。

正常的玩笑是有益的，但如果掌握不好分寸，把他人的缺點或者隱私作為玩笑的內容，使人當眾出醜，使玩笑變成了取笑，這就達不到皆大歡喜的目的。而是一方竊喜，一方尷尬，一方捧腹噴飯，一方無地自容，一方洋洋得意，一方記恨終生，得罪人就不可避免了。

朋友、熟人之間適當開開玩笑，可以活躍氣氛、融洽關係、增進友誼。但開玩笑一定要適度，開玩笑要看對象。在你沒有確定對方的性格愛好之前，你還是要小心一點，即使你十分瞭解你的朋友，但他的心情也是有陰晴冷暖的，所以在開玩笑之前，最好先查看一下「天氣預報」。當別人在生活中遇到不開心或者煩惱的事情，情緒比較低沉的時候，如果你還不識時務地給人家開玩笑，人家或許會認為你在幸災樂禍而討厭你。

7、內容要高雅

開玩笑是運用幽默的語言，有技巧的進行思想和感情交流的藝術，這就要求語言必須純潔、文雅。笑料的內容取決於開玩笑者的思想情趣與文化修養。內容健康、格調高雅的玩笑，不僅給對方以啟迪和精神的享受，也是對自己美好形象的有力塑造。如果開玩笑汙言碎語，不僅使語言環境充滿污濁的氣味，對聽者也是一種侮辱，至少也是一種不尊重。同時也說明自己水準不高，情趣低俗。

詼諧而不下流，且具有濃厚風趣的語句，能使人快樂，更會發人深省，這種智慧型的幽默，是現實談話中最上乘的，在不傷害別人的同時，使大家開心。如果你能誠心誠意的這樣做，你一定可以獲得更多人的信賴，更多人的欽佩，並能獲得更多的朋友。

8、態度要友善

與人為善，是開玩笑的一個原則。開玩笑的過程，是感情相互交流傳遞的過程，是善意的表現。如果借著開玩笑對別人冷嘲熱諷，發洩內心的厭惡、不滿的情緒，甚至拿取笑他人尋開心，那麼除非傻瓜才識不破。也許有些人不如你伶牙俐齒，表面上你佔到上風，但其他的人會認為你不能尊重他人，因而不願與你交往。這樣，你是失去的是眾多的朋友。

9、場合要分清

在開玩笑時一定要看清場合，看這種場合是否可以開這種玩笑，一般來說，嚴肅靜謐的場合，言談要莊重，不能開玩笑。而在喜慶的場合則注意所開的玩笑能否使喜慶的環境增添喜悅的氣氛，如果因開玩笑使人掃興就不好了。總而言之，在莊重嚴肅的場合不宜開玩笑，否則極易引起誤會。

玩笑可以讓我們的生活更加多彩，然而開玩笑時一定要掌握「分寸」，適可而止才能活躍氣氛，增進彼此之間的友誼。

想讓別人喜歡你，不妨先試著喜歡上別人

一個不關心別人，對別人不感興趣的人，他的生活必然遭受重大的阻礙和困難，同時會替別人帶來極大的損害與困擾。一個人如果只關心自己，他很難成為一個被人喜歡的人。要成為受人敬重的人，必須將你的注意力從自己的身上轉到別人的身上去，主動先去喜歡別人，才能贏得別人的好感。

一名著名的銷售專家說，一個成功的銷售員最應當具備的基本條件就是喜歡別人。受人歡迎是銷售員素質的某種表現形式，因為從某種程度上講，你在推銷產品的同時，也在「推銷」自己。將這一點擴大到人際交往的層面上來，當一個人可以真心地喜歡他人時，他一定會招人喜歡。所以，要獲得他人的喜愛，首先必須真誠地喜歡他人。當然，這種喜歡必須是發自內心的，而非別有所圖。如果你要別人

喜歡你，請對別人表現誠摯的關切。

請先想這樣一個問題：在與他人交往的過程中，如果你發起脾氣，對他人說出一兩句不中聽的話，你會有一種發洩的快感。但對方呢？他會分享你的痛快嗎？你那火藥味的口氣，敵視的態度，能使對方接受嗎？相信答案已經不言而喻了。

「如果你握緊一雙拳頭來見我，」威爾遜總統說，「我想，我可以保證，我的拳頭會握得比你的更緊。但是如果你來找我說：『我們坐下，好好商量，看看彼此意見相異的原因是什麼。』我們就會發覺，彼此的距離並不那麼大，相異的觀點並不多，而且看法一致的觀點反而居多。你也會發覺，只要我們有彼此溝通的耐心、誠意和願望，我們就能溝通。」

心理學的研究表明，我們通常喜歡的人，是那些也喜歡我們的人。他不一定很漂亮，或很聰明，或者有社會地位，僅僅是因為他很喜歡我們，我們也就很喜歡他們。

那麼，我們為什麼會喜歡那些喜歡我們的人呢？這是因為喜歡我們的人使我們體驗到了愉快的情緒，一想起他們，就會想起和他們交往時所擁有的快樂，使我們看到他們時，自然就有了好心情。

而且，那些喜歡我們的人使我們受尊重的需要得到了滿足。因為他人對自己的喜歡，是對自己的肯定、賞識，表明自己對他人或者對社會是有價值的。

有心理學家曾做過這樣一個實驗：讓被試「無意中」聽到一個剛與他說過話的夥伴告訴主試喜歡或不喜歡他。接著，當這些同伴和被試在一起工作時，被試的面部表情會因他們聽到的內容而異。當被試聽到同伴喜歡他們時，他們會比在聽到同伴不喜歡他們時在非言語表現上更積極。另外，後來的書面評定顯示，被喜歡的被試比不被喜歡的被試更多地被同伴吸引。

其他的研究也證明了相似的結果：人們對那些他們認為喜歡他們的人更積極，持更積極的態度。這就是喜歡的互逆現象。

對於喜歡的互逆現象，卡內基很久以前就在著作《如何贏得朋友和影響他人》中提到，人們獲得友誼的最好方式是「熱情友善地稱讚他人」。但是，在我們為贏得他人友誼而不遺餘力地去讚美他人之前，我們需考慮一下情境，有時讚美並不一定能導致喜歡。

喜歡的互逆性規律也有例外發生，其中之一就是當我們懷疑他人說好話是為了他們自己時，別人的讚美並不會導致我們去喜歡他。

此外，對那些自我評價很低的人來說，喜歡的互逆性也不會發生。因為他們可能認為喜歡他的人沒有眼光，並且因此而不去喜歡那些人。

在生活中，有很多這樣的情況，就是兩個人的相互喜歡是由一個人對另一個人單方面喜歡開始的。比如一個女孩開始時對一個追求她的男孩並沒有多少好感，但是這個男孩子表現出了對她特別喜歡的態度，使這個女孩久而久之也對這個男孩動心了，最後接受了他的追求。

當然，這個規律也不是絕對的。有時我們喜歡某個並不喜歡我們的人，相反，我們不喜歡的人有時卻很喜歡我們。我們只能說在其他一切方面都相同的情況下，人有一種很強的傾向，喜歡那些喜歡我們的人，即使他們的價值觀、人生觀都與我們不同。

哲學家威廉姆斯說：「人性中最強烈的欲望便是希望得到他人的敬慕。」這句話對於「別人」也同樣適用，他人也希望得到你的敬慕。如果你只是過度關心你自己，就沒有時間及精力去關心別人。別人無法從你這裡得到關心，當然也不會注意你。

扭轉看自己「一朵花」，看別人「一塊疤」的心態

有的人看一些人、一些事不順眼，實際上，他們看不順眼於事無補，要想改變他人的行為，首先應該悅納他人。悅納他人，就要轉變自己的心態，滿懷熱忱地和他們相處，容忍並且誠心地尊重別人與己不同的性格、興趣和生活方式。在這個基礎上，我們才能創造和諧融洽的人際環境。

辦公室是社會的縮影，由各種不同的思想性格、興趣愛好與生活習慣的組成。有的人熱情開朗，有的人沉靜穩重，有的人性子急躁，有的人心胸狹窄……。面對這麼多不同性格的人，我們應該怎樣使他們樂於按照你的意願行事呢？

悅納他人還應該做到「樂道人之善」。「金無足赤，人無完人。」對待同事、朋友，要多看他們的長處，多學他們的優點，不能看自己是「一朵花」，看別

人就是「滿身疤」。我們經常會見到這樣一種人：他對自己所做的工作一點一滴都記在心頭、掛在嘴上，挑別人的毛病也絕無遺漏，說起來如數家珍。而對自己的毛病、別人的長處，則一概緘口不語。這種人往往為人們所不齒，被稱為「不團結因數」。

有人同事關係緊張常常是因為不喜歡同事的個性而產生一些恩怨糾紛，在工作上不能很好地合作，甚至互相為難。反之，對於跟自己合得來的人，則不惜犧牲原則，給予種種方便。如果採取的是這種方法，當然會招致不良的後果。

正確的態度應該是拋棄個人的成見，即使對某位同事有不好的看法，不喜歡與他（她）私下相處，也應該在工作上保持合作，絕不故意為難。最好還要在工作上多關心他（她），幫助他（她）解決困難，同心協力做好工作。另外，對私人交情好的同事和朋友，也不能放棄原則，姑息遷就他們的缺點與錯誤。這既是對朋友負責，也是對自己負責。倘若我們能夠這樣做，日久天長，就必定可以得到別人的信任，並確立自己的威信，建立良好的人際關係，使他人樂於聽從自己的意見。

樂道人之善，一方面要注意不能因為自己比別人做的工作多一點或能力強一點，就沾沾自喜，瞧不起別人；另一方面還要善於發現別人的優點、長處，對他人的工作成績多加褒揚。這樣，不僅顯示出了自己虛懷若谷的風度，有益於團結，而且對自己的成長與進步也會大有好處。

當然，對別人應該實事求是、恰如其分，如果不顧事實或誇大事實，效果就可能適得其反。

低調是保護自己的最好方式

有人說：「如果你不露鋒芒，可能永遠得不到重任。」但我們應該考慮到的是你鋒芒太露卻又易招人陷害。雖容易取得暫時成功，卻為自己掘好了墳墓。當你施展自己的才華時，也就埋下了危機的種子。所以才華顯露要適可而止，低調才是保護自己的最好方式。

人在一個團體中不可強出風頭，得眾望、得人心是日積月累的結果，你在言談舉止之間，別人——尤其是你的朋友、同事都在那觀察你，品評你；你有成就，你肯努力，你待人寬厚，別人自會欣賞，用不著強求注意。強出風頭，往往引起別人的反感。

「出頭的椽子先爛」、「木秀於林，風必摧之」、「直木先伐，甘井先竭」……這類古訓俗語常用來告誡人，要警惕環境險惡，人心叵測，要韜光養晦，不露鋒芒，不動聲色。因為，風頭出盡的人容易遭人妒，容易首先受到攻擊。

從前，一個木匠帶著幾個徒弟到齊國去。師徒一行走到山路的一個拐彎處，看見一座土地廟，旁邊有一棵高大無比的櫟樹。大到什麼程度呢？它的樹蔭可以容納幾十頭牛在樹下休息；樹幹又粗又直，在幾丈高之後才能見到分枝，而這些樹枝粗到可以用來作為造船材料的就有好幾十枝。許多路人都在圍觀，連聲稱奇，只有這個木匠瞄了一眼，轉頭就走。

徒弟們看膩櫟樹後，追上師父，問道：「生平從未見過這麼高大的樹木，師傅怎麼看都不看就走了呢？」沒想到徒弟眼中的奇樹神木，在師傅眼裡竟然只是一文不值的朽木！

木匠回答：「這棵樹沒什麼用。用來造船，船會沉；做棺材，棺材會腐爛；做器具，器具會破裂；做門窗，門窗會流出汁液；做柱子，柱子會被蟲蛀。正是因為它沒有用，才會這麼長壽，這麼高大。」

晚上，木匠夢見這棵大樹對他說：「你怎麼能說我沒用呢？你想想看，那些所謂有用的橘樹、梨樹和柚樹，在果實成熟時，就會被人拉扯攀折，樹很快就會死掉。一切有用的東西無不如此。你眼中的無用，對我來說，正是大用。假如我像你所說的那樣有用，豈不早就被砍了嗎？」

木匠醒來，若有所悟。他把這個夢告訴了徒弟，徒弟問道：「它既然嚮往無用，為什麼要長在土地廟旁邊，引人注意呢？」木匠答道：「如果它不是長在廟旁邊，而是長在路中央，不也早就被人砍掉當柴燒了嗎？」

當環境不利於生存時，有許多人想明哲保身，但是未必能做到。從這個故事可以知道，即使想當一個「是非紅塵不到我」的人，想要明哲保身，需要大智大勇。強出頭、鋒芒畢露，還妄想不遭人忌，那是不太可能的。

然而，以無用之姿出現在世人面前，也要慎選環境，像故事裡的櫟樹，長在神廟旁邊，人們不敢在它身上動腦筋，反之，如果長在路中央，它必死無疑。

一個人有一定的才幹本是好事，是事業成功的基礎，只要顯露得適時適地，也會得到人家的器重，是有施展天地的。但是如果鋒芒太露，在言語上，便要得罪人；在行動上，便要惹人妒忌，一定會遭到別人的嫉恨和非議，甚至引來殺身之禍。

俗話說「真人不露相，露相非真人」。在競爭激烈的人生競技場，聰明人都很謹慎，不會輕易暴露自己的真實意圖。而很多「蕭條」級別的新人往往會因修行不夠，在不知不覺中鑄成大錯，自毀前程，令人嘆惜。

一位剛畢業的大學生，被一家大企業錄用了。他信心十足，鼓足幹勁，在自己的銷售崗位上幹得相當出色。他頭腦靈活，喜歡思考，很快就發現了公司管理中存在著一些弊端，於是便經常向主管反映，然而每次得到的答覆總是：「你的意見很好，我會在下次會議上提出來讓大家討論。」

他很不滿，對主管的平庸和懦弱也很不服氣，於是萌生了要取而代之的念頭。在一次全公司大會上，他陳述了自己的想法，並建議公司實行競爭升職，能者上，庸者下。會場頓時鴉雀無聲，主管早就氣得臉色發白。總經理稱讚了他的想法，認為很有新意，卻並沒有深入討論的意思。

會議結束後，他忽然發現一切都變了。同事對他敬而遠之，主管更是冷言冷語；更嚴重的是，有人向總經理投訴他收受回扣、違規操作、洩露公司機密……任何一項罪名都能將一個小小的銷售員壓垮。老闆當然明白事情的來龍去脈，但為了照顧大多數人的情緒，還是辭退了他。

沒有人不想出人頭地，每個人都有自己的野心，但是切忌太過外露。你的志向和企圖即使是正當的，而一經在你身上得到表現的時候，總會有人感到受了威脅。他們可能會利用手中的權力或影響力，對你進行打擊，使你過去的一切努力都化為泡影。上面所說的銷售員的遭遇，不正給我們上了生動的一課嗎？

現實中，確有那麼一些人，雖說其能力、才學的確令人欽佩，可是正因為他們比別人所起的作用大一些，便總以為一切高、精、難的工作必須自己插手才會馬到成功，他人純屬「跑龍套」的配角，儼然離了他地球就轉不動。難怪「槍手們」總忍不住先打這樣的「出頭鳥」。歷史上有很多人因才華出眾而遭受貶斥，或丟掉了性命。在這裡我們並不是否定那些勇往直前、萬事當先的人，只是強調前與後的分寸，古人不也是說「始作俑者，其無後乎」嗎？

縱觀歷史的長河，鋒芒太露而惹禍上身的典型例子可謂是數不勝數。李廣，是漢朝的將軍，是令匈奴兵聞之喪膽的大將，最終卻以自刎結束了自己的生命。他的結局，與他平日的處世作風有很大關係。他在戰場上能夠與將士同甘共苦，在生活中，更是視軍士如子弟，真正做到了「吃苦在前、享樂在後」，得到眾勇士的擁戴，而且門生故吏遍佈天下。但他有一個致命的弱點，凡事都是鋒芒畢露，不知韜光養晦，讓漢家軍幾乎成了他的李家軍，不遭到皇帝們的猜忌才怪。而且性格自負，不善於與人交往，為人處世與那些官場上的人大不相同。

從某種意義上來講，一個人，如果太鋒芒畢露，大都不會有所善終，不能融於集體，就不能算是一個成功的人，李廣之死，追根究底，與其鋒芒畢露的性格和名聲很有關係。作為一位具有非凡勇敢和機智，且能與士卒同甘共苦的將領而言，如果得不到皇帝的認可、贊同，且被官宦形成的圈子所排斥，那麼，他所獲得的民心和名聲，也許他自己很引以為榮，但事實上對他是相當不利的。

聰明是一件好事，但聰明是一個帶有限定性的詞，處理不好，即會被聰明誤，所謂物極必反，任何事情都有一個限度。遊刃職場，也是如此，我們可以聰明，但一定要把握「分寸」，過了，倒楣的就是自己。

柯立芝在愛莫斯特大學的最後一年，曾經被美國歷史學會授予一枚金質獎章。在當時，這是一個被無數人看重的榮譽，可是他沒有對任何人說起過這件事，甚至自己的父親也不例外。直到他畢業工作後，他的上司諾坦伯頓的法官菲爾德才無意中在《斯普林共和雜誌》上看到了對這一事情的報導，於是對他極為讚賞。

當他競選麻省議員連任時，在選舉即將進行的前夜，他無意中聽到了省議會議長的職位正虛位以待的消息。於是，柯立芝拎著他那「又小又黑的手提袋」，大踏步地趕到諾坦伯頓的車站。兩天以後，當他從波士頓回來時，手提袋裡已經裝滿了大多數議員親筆簽名推舉他為議長的聯名信。就這樣，柯立芝順利地出任麻省議會議長，因而邁開了自己走向政壇的第一步。柯立芝在獲取政壇職位時的順利，無疑是和他平時累積的低調是分不開的。

只有那些膚淺的人才喜歡在別人面前吹噓自己。他們總是陶醉在自我營造的淺薄氛圍中自娛自樂，因此，他們才會不厭其煩地提醒別人自己做了多少事情，告訴別人自己有多麼重要，生怕別人把自己給忽視了。可是，當人們不停炫耀自己時，反而會讓大家覺得反感。只有那些取得了成績卻默不作聲的人，才能在不被人們注意的情況下迅速取得成功。

大多數人都不喜歡那些隨時隨地把自己變成焦點的人，甚至有些人想當場把這些愛炫耀的傢伙的華麗外衣撕開，讓其露出醜陋的真面目。但是儘管很多人都明白虛榮會招來別人的厭煩，可是多數人還是不自覺要顯示和炫耀自己的成績。因為，在潛意識裡，他們以為如果不炫耀，別人就會以為他們是愚蠢和窩囊的。

高調不能證明自己聰明，低調也不是向世人宣告自己無能。相反，炫耀和傲氣不僅不會帶來任何好處，反而可能會帶來滅頂之災。所以，很多成功的人都懂得適時的保持低調，也因為如此，他們才更能受到人們的尊重和歡迎。

爬得越高則可能跌得越重

一個久握重權、身居高位的人，一旦失去權柄，就會慘不可言，即使想成為平民百姓，過著貧苦下賤的生活都不可能。其實權力和富貴都是雙刃劍，控制得宜便身享榮華，控制得不好則大禍立至，先前所擁有和享受的，也是毀掉自己的。

爬的高，摔的重，從科學的角度講，是正確的。從為人處事的角度來講，也是需要我們警戒的。商界鉅子李嘉誠在他的兒子李澤楷踏足商界時，曾對他有這樣一番訓誡：「樹大招風，低調做人。」可見，比起不知天高地厚、招搖過市的人來，那些真正事業有成、人生得意的人，反倒更多信奉和秉持的是一種低調的處世原則。究其緣由，其中蘊含著很深的人生哲理。

南宋的韓侂胄在南海縣任縣尉時，曾聘用了一個賢明的書生，韓侂胄對他十分信任。韓侂胄升遷後，兩人就斷了聯繫。

一天，那位書生忽然來到韓府，求見韓侂胄。韓侂胄見到他時，十分高興，要他留下做幕僚，給他豐厚的待遇。這位書生無意仕途，無奈韓侂胄執意不放他走，他只好答應留下一段時日。

韓侂胄視這位書生為心腹，與他幾乎無話不談。不久，書生就提出要走，韓侂胄見他去意甚堅，無法挽留，便答應了，並設宴為他餞行。兩人一邊喝酒，一邊回憶在南海共事的情景，相談甚歡。到了半夜，韓侂胄摒退左右，把座位移到這位書生的面前，問他：「我現在掌握國政，謀求國家中興，外面的輿論怎麼說？」

這位書生長歎一聲，端起一杯酒，一飲而盡，歎息著說：「平章家族如今深患滅頂之災，我還有什麼好說的呢？」

韓侂胄問：「何以見得呢？」

這位書生用疑惑的眼光看了韓侂胄一下，搖了搖頭，似乎為韓侂胄至今毫無察覺感到奇怪：「危險昭然若揭，平章為何視而不見？冊立皇后，袖手旁觀，皇后肯定對您懷恨在心；確立皇太子，您也並未出力，皇太子怎能不仇恨您；朱熹、彭龜年、趙汝愚等一批理學家被時人稱作賢人君子，而您欲把他們撤職流放，士大夫們肯定對您深惡痛絕；您積極主張北伐，倒沒有不妥之處，但戰爭中，我軍傷亡頗重，三軍將士的白骨遺棄在各個戰場上，全國到處都能聽到陣亡將士親人的哀哭聲，軍中將士難免要仇恨您。北伐的準備使內地老百姓承受沉重的軍費負擔，貧苦人幾乎無法生存，所以普天下的老百姓也會歸罪於您。試問，您以一己之身怎能擔當起這麼多的怨氣仇恨呢？」

韓侂胄聽了大驚失色，汗如雨下，惶恐了許久，才問：「你我名為上下級，實際上我待你親如手足，你能見死不救嗎？你一定要教我一個自救的辦法！」

這位書生再三推辭，韓侂胄哪裡肯依，固執地追問不已。這位書生最後才說：「辦法倒有一個，但我恐怕說了也是白說。」

書生誠懇地說：「我亦衷心希望平章您這次能採納我的建議！當今的皇上倒還灑脫，並不十分貪戀君位，如果您迅速為皇太子設立東宮建制，然後，以昔日堯、舜、禹禪讓的故事，勸說皇上及早把大位傳給皇太子，那麼，皇太子就會由仇視您轉變為感激您了。太子一旦即位，皇后就被尊為皇太后，那時，即使她還怨恨您，也無力再報復您了。然後，您趁著輔佐新君的機會，刷新司政。您要追封在流放中死去的賢人君子，撫恤他們的家屬，並把活著的人召回朝中，加以重用，這樣，您和士大夫們就重歸於好了。你還要安定邊疆，不要輕舉妄動，並重重犒賞全軍將士，厚恤死者，這樣就能消除與軍隊間的隔閡。您還要削減政府開支，減輕賦稅，尤其要罷除以軍費為名加在百姓頭上的各種苛捐雜稅，使老百姓嘗到起死回生的快樂。這樣，老百姓就會稱頌您。最後，你再選擇一位當代的大儒，把職位交給他，自己告老還家。您若做到這些，或許可以轉危為安，變禍為福了。」

韓侂胄一來貪戀權位，不肯讓賢退位；二來他北伐中原，統一天下的雄心尚未消失；三來他懷抱僥倖心理，認為自己絕對不會如此揹運。所以，他明知自己處境危險，仍不肯急流勇退，他只是把這個書生強行留在自己身邊，以便及時應變。

這位書生見韓侂胄不可救藥，為免受池魚之殃，沒過多久就離去了。

後來，韓侂胄發動「開禧北伐」遭到慘敗。南宋被迫向北方的金國求和，金國則把追究首謀北伐的「罪責」作為議和的條件之一。開禧三年，在朝野中極為孤立的韓侂胄被南宋政府殺害，他的首級被裝在匣子裡，送給了金國。那位書生的話應驗了。

權勢到手，確實令人身價百倍，也實在可以令人「榮華富貴，風光無限」。但是稍有不慎，大難臨頭，權力旁落，後果也就自然連普通百姓都不如。他們由於權力達到了極點，而給自己和家人帶來了極大的災禍。

古語有云：「木秀於林，風必摧之；行高於人，眾必非之。」古今中外，大凡功成名就、才華出眾之人，往往比普通人更容易惹人嫉恨，遭受攻擊。不錯，成功固然可喜可賀，但成功絕不是可以向人炫耀的資本，更不是可以藉以打擊他人的武器。

一個成熟、睿智的人，要能夠在志滿意得同時，為他人騰出一片休憩、喘息的空間，不要讓自己的榮耀成為盤踞在他人心中的陰影，不要讓自己光鮮、輕狂的身影成為他人瞄準、射擊的靶子。因此，從這個意義上說，爬得越高，越要懂得規避風險、明哲保身。

得意忘形是招災惹禍的種子

每個人都是很平凡的一個人，得意之時最好淡然一些。人不可能一輩子春風得意，如果你在得意時飛揚跋扈，那麼你失意的時候，別人也會同樣對你。與其在那時感歎世態炎涼，不如在當時，就做一個謙遜有禮的人，這樣才能贏得別人長久的尊敬。

《創世紀》中曾這樣描述：神創造了光明和黑暗，分割開了天空和大地，將地面劃分為水和陸，然後開始為大地孕育生命，最終，帶來了人類的鼻祖——亞當和夏娃。所以，即便是不起眼的跳蚤都比人類早到這個世界，如此看來，人還有什麼了不起的呢？

有這樣一則有趣的故事：

一位從事神聖工作的拉比正在假寐，身旁坐著幾個信徒，小聲討論著拉比高尚的品格。

「他是那麼的虔誠，我敢說在整個波蘭再也找不出第二個像他那樣高尚的人！」信徒甲激動地說。

「是啊，他能給人無私的愛和施捨，誰能比他更仁慈？沒有！」信徒乙也心潮澎湃地說。

「他那溫和的脾氣更是難能可貴，難道有誰見過他肆意對人發脾氣嗎？」信徒丙兩眼發光。

「他是那樣的博學多才，簡直就是拉什第二！」信徒丁用聖歌般的語調說。

之後信徒們陷入了沉默，拉比睜開了一隻眼睛，用無辜的神態望著信徒們說：「為什麼沒有人注意到我的謙虛？」

這則故事名叫《謙虛的拉比》，寓意就是諷刺毫不謙虛的蠢人。有些錯誤是在無知中產生的，還有些錯誤是由驕傲自大引發的，被勝利沖昏了頭腦，評判事物的尺規就會失衡。所以，即便是取得了一定成就的人，也不應該自鳴得意和沾沾自喜。

不論是屬於意外的幸運，還是經過長期奮鬥終於取得了成功，心中充滿巨大的快樂，以致一時間欣喜若狂都是可以理解的。因為人生中還有什麼比成功更值得高興的事情呢。但是如果一個人因一次成功，從此就一直這麼欣喜若狂自以為高人一等，到處顯耀自誇，總是表現出一種優勝者的得意忘形和驕傲自滿，人們雖然不至於說他是瘋子，大概也絕不會敬佩他，而只會鄙視他。

生活中也是，人一旦得意了就會忘形，當他目空一切的時候還能有什麼會讓他放在眼裡？但是得意忘形恰恰就是世人常犯的一個致命的錯誤。

三國後期的魏國名將鄧艾，雖功勳蓋世，卻是個很謙虛低調的人，可是最後也一樣走上斷頭臺，就是因為他從謙虛走向了驕傲。

鄧艾從小家境貧寒，給人放過牛，說話還結巴，因此遭到不少人取笑，可是他都不在意。與蜀軍對陣，姜維拿他放牛這段經歷挖苦他，鄧艾一點不生氣，還說「謝謝你把我沒什麼價值的往事給挖出來」，並告誡兒子，放牛經歷不是人生的恥辱。

滅了蜀國後，在勝利面前，鄧艾頭腦有些不冷靜了。他擅自以天子的名義，任命大批官吏，拜劉禪為驃騎將軍，對蜀國舊臣進行封賞。為顯示自己，鄧艾常對蜀漢降官說，你們也就是遇上我才有今天，要是遇上誰誰那個好殺之人，早被殺光了。

對於鄧艾的行為，司馬昭早讓人告訴過他凡事要小心，不要自作主張，鄧艾非但不聽，反而上奏說不要把劉禪送到洛陽。這般所為，誰都有理由懷疑他擁兵自重，有野心，更不用說司馬昭這個猜忌成性的人了。「君疑臣，臣必死」，雖然鄧艾的死是自古功臣能將的宿命，是咎由自取，但也是封建帝王對能臣既任用又不放心的最根本表現。

鄧艾獨得滅蜀大功，也引起同僚的反感、嫉妒，此時他依然不知收斂，反而把蜀國舊臣留為己用，使得手下人對他都不滿，到處打他小報告。驕傲得如此不得人心，埋下隱患是自然的，這從衛瓘明知鄧艾是冤枉的，害怕他出來對己不利，派人先殺了鄧艾父子的行為就能看出，除了鄧艾驕傲罪過外，凸顯了權力之爭的殘酷性。

當你處於順境的時候，要把自己的內心處理好，要為將來的未知情況做準備。多多積蓄能量，使順境在你身上待得時間長一些。

當你升了官、發了財或是一切順利，要避免在失意的人面前談論。就算在座沒有真失意過的人，但也總有境況不如你的人，你的得意還是有可能讓他們起反感的。人總是有嫉妒心的，這一點你必須承認。所以，得意之時就少說話，而且態度要更加謙遜。

適當地選擇示弱

高姿態的反面效果有很多，最危險的結果就是讓人變得盲目，變得無知，變得更加虛榮，而且這種姿態還會讓人處處樹敵。所以我們不妨在定位的時候，把自己放低一點，適當地示弱反倒會收到很好的效果。

如今有很多的年輕人，常常自命不凡，而且喜歡用一種目中無人的態度處世，以為這樣就能夠顯示出自己有多麼的了不起。其實這樣做，只會讓人認為你很自大。

畢業於某外國語學院的宜靜經過千辛萬苦終於找到了合適的工作，學日語的她在一家日本人的公司找到了一個總經理助理的位置。

宜靜一口日語十分流利，在大學裡屢屢得到老師表揚。而她對自己這一點也十分得意，所以找工作的時候，非日資公司不去。

上班快三個月了，日本老闆對她很滿意，想跟她簽長期合同，宜靜卻有點猶豫，倒不是因為待遇不好，而是公司裡有一個副總對她很是看不慣，經常找她麻煩。

在宜靜去公司之前，這位副總是總經理助理，宜靜是在他高升後補了他的空缺，據說面試的時候他對宜靜的印象還是不錯的，現在為什麼變了臉呢？

原來這位副總在審看宜靜遞給他的日文報告時，委婉地提出了報告中的幾個小問題，本來這是一件再正常不過的事情，不料，年輕氣盛的宜靜眼裡揉不進沙子，立刻進行辯解——日語裡這個詞應該是這個意思，你肯定錯了。副總的臉色立刻有點陰，他合上報告對宜靜說：「那好，我回去慢慢看。明天再給你。」

宜靜說：「放心吧，不會有錯的，再說我可是我們學院的高材生。」聽了宜靜自我吹噓的話，副總一語不發，沉著臉走了。

作為下屬，宜靜自己沒有意識到他欠缺一點虛心，因為，在他的言語裡面動不動就提到上司的錯誤，這會讓上司覺得宜靜盛氣凌人，所以，越是聰明的人越要注意示人以強，不如示人以弱。蘇聯著名文學家列夫・托爾斯泰說過：「一個人對自己的評價像分母，他的實際才能像分數值，自我評價越高，實際能力就越低。」

示弱，是一種經營人生的策略，需要一定的智慧和技巧。在現實生活中，這種人生策略往往被我們許多人忽略。我們都喜歡逞強而不甘示弱。但冷靜下來，我們不難發現，在強手如林的社會競爭中，我們常因為忽略了示弱，無形中拉長了抵達成功彼岸的距離。向人示威是人人都會的，向人示弱卻是少數人才有的，因為這需要智慧和勇氣。

央視新聞女主播徐俐對她的婆婆的示弱之道非常讚賞。徐俐字字珠璣與剛毅練達的冷峻風格，使她成為CCTV國際頻道的「當家花旦」之一。她是男人公認的大女人，總讓人有種居高臨下的威嚴感。徐俐談起她幸福的第二次婚姻，她將幸福的祕訣歸功於婆婆：「以前，我只知道自己是個女人，卻不會做女人。在婆婆身上，我學到了很多做女人的學問。」徐俐說，初進張家，她就發覺張家的最高權威並不是老爺子，而是老太太。

徐俐曾經傻傻地問婆婆為什麼要裝不會做飯，婆婆笑眯眯地說：「你公公最得意的就是他的廚藝，說老實話，他做菜不如我，可是如果他連這個優勢都沒了，心裡肯定不好受。雖說夫妻倆不分彼此，但還是很在乎自己在這個家的價值表現。所以，很多我能做的事情，我都說做不好，讓他來做。他嘴裡抱怨我老使喚他，但臉上總是露出歡喜。做女人，一定別太能幹。」公公出院後，徐俐仔細觀察婆婆，果真如此。很多次公公婆婆一起幹活的時候，婆婆幫忙打下手，公公會和著節拍來上一段京戲，那種滿足和高興顯然發自內心。其實，在家庭裡的示弱，就是對家人所欠缺的最好體恤。裝傻、示弱，其實並不損失什麼，卻可贏來家庭的和諧、婚姻的甜蜜，還可以給予家人更多的自信和安全感，何樂而不為呢？

在日常生活中，我們常用「毫不示弱」來形容一個勇敢的人，但時時處處不示弱的人能得一時之利有時卻難成為最終的成功者。

一個人聰明能幹是好事，但是，如果一切以自我為中心，處處喜歡標榜自己，表現自己，突出自己，就很可能聰明反被聰明誤。人生要歷經許多道門檻，敞開的大門並不完全適合我們正常通行，有時甚至還有人為的障礙，我們可能要不停地碰壁，或伏地而行。如果一味地高姿態，端著架子往前走，到頭來不但被拒之門外，遭人拒絕，而且會被撞得頭破血流。學會低頭，該低頭時就低頭，這既是做人的技巧和智慧，也是做人的風度和修養。

在這個社會中為人處世，不一定要顯示自己的強勢，有時候示弱也是一種智慧，示弱的人往往不會被人注視，在弱勢中也能做出一鳴驚人的成績。

埃及前總統沙達特是一九五二年埃及「七二三」革命的組織者和發起者之一。在革命成功以後，領導者相互之間爭權奪利，十分激烈，只有他不圖大權，恬淡自若。對於大權在握的納賽爾，他非常尊敬。在日常工作中，沙達特不露聲色，表現也是平平常常。對於內政問題和外交大事，他從不拿出主見，偶爾自己的公開態度稍有出格，他就會立刻糾正過來，與納賽爾的一批信徒保持一致。

在一九六七年的第三次中東戰爭以後，納賽爾想隱退，將扎克里亞．毛希丁提名為繼任者。但是，權衡再三，納賽爾出人意料地選沙達特為繼任者，埃及軍方也支持沙達特。

一九七〇年九月納賽爾去世，埃及開始了一場激烈無比的權力之爭。後來基於政治妥協，把平日不起眼的沙達特捧上了總統的寶座。

當沙達特繼任總統以後，卻大刀闊斧地進行了一系列改革。他先排除異己，把毛希丁、薩布里等潛在對手革職或者降職，以穩固自己的權力和地位。接著，他又進行了政治上實行民主、經濟上實行改革的政策。特別是在外交方面，一九七二年七月，他下令驅逐了在埃及的兩萬名蘇聯專家；一九七三年十月，向以色列發起了「十月戰爭」，打破了中東「不戰不和」的僵持局面；一九七四年六月與美國恢復了外交關係；一九七七年十一月親自訪問以色列，打破埃及、以色列關係的僵局；一九七八年與美國、以色列簽訂大衛營協定，由此獲得「諾貝爾和平獎」，等等。這一系列的外交上的驚人之舉，使他一躍而成為二十世紀七〇年代世界政治舞臺上叱吒風雲的大人物。

正是沙達特深知「木秀於林，風必摧之」的道理，他才韜光養晦，後來終於登上總統寶座，表現出了非同常人的「心機」和智慧，值得胸有大志的人學習和借鑒。做人處事，最難修煉的就是心機。聰明地「退」是弱者的保護色，真正成大事的人善於韜晦心機、隱藏智慧。

示弱可以減少乃至消除不滿或嫉妒。事業的成功者，生活中的幸運兒，被人嫉妒是難免的，在一時還無法消除這種社會心理之前，用適當的示弱方式可以將其消極作用減少到最低程度。同時，示弱能使處境不如自己的人保持心理平衡，有利於交際。

示弱可以是個別接觸時推心置腹的交談，幽默的自嘲，也可以是在大庭廣眾之下，有意以己之短，補人之長。

示弱有時還要表現在行動上。自己在事業已處於有利地位，獲得了一定的成功，在小的方面，即使完全有條件和別人競爭，也要儘量迴避退讓。也就是說，平時小名小利應淡薄些，疏遠些，因為你的成功已經成了某些人嫉妒的目標，不可以再為一點微名小利惹火燒身，應當分出一部分名利給那些暫時處於弱勢中的人。

古語道：「天下之至柔，馳騁天下之志堅。」示弱並不會被對方當成無能的表現，相反，示弱才是最堅強的表現。特別是在你希望得到別人幫助的時候，更應該試著去低頭，主動向別人展示自己的弱點，這樣才能以此來拉近和大家的距離。但是同樣的，要切忌不要讓人覺得你太強勢，難以靠近。

寧吃眼前虧，不逞匹夫勇

很多時候，吃點眼前的小虧其實不會有什麼損失。人心是一桿秤，如果你能使自己做到不斤斤計較，對別人不過分苛求，待人寬厚，你周圍的人就會信賴你、尊重你。你就會有一個寬鬆而和諧的生活氛圍，你就會時時有很開心的感覺。這大概就是「吃虧是福」的真諦。

俗話說：「好漢不吃眼前虧。」許多人都把「吃虧」看作是一種非常愚蠢的行為。然而，很多時候，我們判斷都是錯誤的，一些「虧」只不過是事情的表像而已。與其為了這點小虧而逞匹夫之勇，不如信奉「吃虧」哲學，就因為吃虧是一種謀略，吃虧就是佔便宜，不計較眼前的得失而著眼於大目標。

幾乎征服了整個歐洲的拿破崙，為了讓東方人也臣服在他的腳下，他精心組織了一支五十萬人的大軍，以排山倒海之勢壓向俄國。法國不宣而戰，揮師跨過俄國邊境，並很快切斷俄國兩個集團軍的聯繫，長驅直入，佔領了莫斯科。處在存亡之秋的俄國拚死抵抗，老帥庫圖佐夫臨危受命擔任了俄軍總司令。拿破崙和庫圖佐夫是老對頭，五年前兩人就有過交鋒，但這次庫圖佐夫明顯處於劣勢。雙方經過緊張部署後，在博羅委諾村附近拉開了戰幕。這是一場勢均力敵的大血戰，慘烈的戰鬥持續了一天一夜，最後俄軍被迫撤離，拿破崙佔領了庫圖佐夫的陣地。

庫圖佐夫冷靜地分析了形勢和敵我雙方的實力對比，發現儘管拿破崙奪取了俄軍要塞，但實力已被削弱，由進攻之勢轉為防禦之勢。再者，法軍長驅直入，孤軍作戰，如果在此長久相持下去，必然對其不利。於是他發佈了一個讓眾人震驚而又大惑不解的決定——放棄莫斯科。

消息傳出後，全國響起一片「情願戰死在莫斯科，也不交給敵人」的呼聲，就連沙皇也下令堅守都城。但庫圖佐夫清楚地意識到，假如憑一時之氣，很可能會全軍覆滅，最後導致國破家亡。為了顧全大局，庫圖佐夫頂著國內的壓力，毅然下令：撤退！

暫時勝利的拿破崙沒有想到，他失敗的命運已由此決定了，俄國人留給他們的是一座一無所剩的空城，繼之而來的是乏糧、飢餓和嚴寒，而這時法軍思鄉情緒上升，軍心渙散。拿破崙只好下令撤出莫斯科，然而已經晚了，俄國人是不會輕易放走佔領他們首都的侵略者的，一場惡戰，使法軍四面楚歌，全線潰敗。佔領莫斯科是拿破崙一生中最大的敗筆。

拿破崙貪圖一城的得失，最後反而陷入了更大的災難當中。庫圖佐夫不計眼前得失，先吃小虧，然後等待時機，最後終於反敗為勝，成為笑到最後的勝利者。

生活中每個人都難免會有吃虧的事情發生，這個時候，你不要去斤斤計較，為一點蠅頭小利，勞心勞力，時刻記得這樣一句俗話：「吃虧是福」，吃了小虧後，只要有時機將會得到更多；反之，將可能陷入困境之中。

現在有一些人做人不大度，為人不厚道，總覺得所有人都欠他的，所有人都該對他付出。於是很多時候人們為了避免麻煩，就不得不對這些人開綠燈，讓他占一些便宜。但是到最後，這樣的人只能利用別人的大度、不好意思或不屑一顧，占一些小便宜，但絕對難成大事。

生活就是這樣，不想佔便宜的人，生活也不會讓他吃虧！當我們還在對別人念叨著「占小便宜吃大虧」的時候，當我們還在嘲笑別人占小便宜的時候，我們從未想過，自己也是如此。當誘人的金錢、權力向你撲面而來時，如果你只看到短期的利益，而沒有考慮到更長遠的目標，你就會掉進生活給你挖的陷阱。

讓步與吃虧比逞一時匹夫之勇更容易贏得別人的好感。為什麼呢？在生活中，人們對處處搶先占小便宜的人一般都沒有什麼好感，這樣，他從做人上來說就吃了大虧。因為你已經處處搶先了，你從來不等別人想到你而總是主動跳出來為自己謀每一點你看在眼裡的利益，那麼你周圍的人就再也不會主動為你著想了，反而要處處對你設防。那麼，你豈不是吃了大虧？唐代詩人柳宗元在詩中說過：「廉不貪，直不倚。」如果自己堅守目標，放寬眼界，就不會為眼前利益所動，不逞匹夫勇，而用自己的實力去拼出一個屬於自己的世界！

只能裝傻，不能真傻：長大後應該要學會的事情（讀品讀者回函卡）

■ 謝謝您購買本書，請詳細填寫本卡各欄後寄回，我們每月將抽選一百名回函讀者寄出精美禮物，並享有生日當月購書優惠！
想知道更多更即時的消息，請搜尋"永續圖書粉絲團"

■ 您也可以使用傳真或是掃描圖檔寄回公司信箱，謝謝。
傳真電話：（02）8647-3660　　信箱：yungjiuh@ms45.hinet.net

◆ 姓名：　□男　□女　□單身　□已婚
◆ 生日：　□非會員　□已是會員
◆ E-Mail：　電話：（　）
◆ 地址：
◆ 學歷：□高中及以下　□專科或大學　□研究所以上　□其他
◆ 職業：□學生　□資訊　□製造　□行銷　□服務　□金融
□傳播　□公教　□軍警　□自由　□家管　□其他
◆ 閱讀嗜好：□兩性　□心理　□勵志　□傳記　□文學　□健康
□財經　□企管　□行銷　□休閒　□小說　□其他
◆ 您平均一年購書：□ 5本以下　□ 6～10本　□ 11～20本
□ 21～30本以下　□ 30本以上

◆ 購買此書的金額：
◆ 購自：　市（縣）
□連鎖書店　□一般書局　□量販店　□超商　□書展
□郵購　□網路訂購　□其他
◆ 您購買此書的原因：□書名　□作者　□內容　□封面
□版面設計　□其他
◆ 建議改進：□內容　□封面　□版面設計　□其他
您的建議：

剪下後傳真、掃描或寄回至「22103新北市汐止區大同路三段194號9樓之1讀品文化收」

廣　告　回　信
基隆郵局登記證
基隆廣字第55號

2 2 1-0 3

新北市汐止區大同路三段194號9樓之1

讀品文化事業有限公司　收

電話/(02)8647-3663　傳真/(02)8647-3660

劃撥帳號/18669219　永續圖書有限公司

請沿此虛線對折免貼郵票或以傳真、掃描方式寄回本公司，謝謝！

讀好書品嘗人生的美味

只能裝傻，不能真傻：長大後應該要學會的事情